全国の繁盛例から導いた集客の法則

飲食店の五感刺激マーケティング

木下尚之
Naoyuki Kinoshita

同友館

はじめに

極寒のシベリアの永久凍土で発見されたマンモス。その胃から多くの植物が見つかっています。

これは、植物を消化する間もないほど突然で急激な気候の変化だったことを物語っています。


変化はある日突然やってくるのです。

それは競合の出店だったり、感染症であったりさまざまです。

そして、ゆっくりとした変化は常に起こっています。

その1つが「お客様のヘビーユーザー化」です。さまざまな商品やサービスを経験して、少しのことでは満足しなくなってしまう現象です。

私たちは、外的要因とお客様のヘビーユーザー化の2つと戦わなくてはいけません。


手品師のマギー司郎さんをご存じでしょうか。テレビでもたびたびお見かけする、人気のマジシャンです。

彼は、もともと劇の前座や、劇中の短い休憩時間などに間を埋めるための役割で手品を披露していたそうです。

観劇を楽しみに来ているお客様は、手品に興味がなく、誰も彼の手品を見てくれなかったそうです。悔しい思いをするなかで、何とか自分の手品をお客様に見てもらおうと日々練習を重ね、手品の技術をどんどん磨いていきました。ところが、それでもお客様からの反応はまったくといっていいほどなかったそうです。

いつも通り手品を披露していたある日、うっかり手元がくるい失敗してしまいました。その瞬間、つい、「ぼく、あまり手品上手じゃないんですよ」とつぶやいてしまったそうです。すると、初めてお客様が笑ったのです。そう、初めてお客様から反応をもらえたのです。

これが、彼のブレークスルーの瞬間です。

どんなに技術を磨いても反応がなかったお客様が、失敗したら反応した。技術の高い手品を見せることよりも、お客様を笑わせる手品をしよう。

そこで生まれたのが、あの世紀の手品。「タテ縞のハンカチを瞬時にヨコ縞に変える手品」です。

語弊を恐れずに言います。

私たち飲食店の本質も、彼の手品と同じような気がするのです。

その本質とは「お客様に喜んでもらう」

「楽しい時間を過ごしてもらう」ことです。

とにかくおいしい料理を提供する、ということはもちろん大切です。

でも、お客様がすっかり成熟してしまった現在、それだけでは〝手品の技術を磨く〟ことと変わらないようにも思います。

経営ですから、適正な利益をだすことは当然大切です。が、そこだけに強くフォーカスしてしまい、原価率・人件費率・省力化・効率化ばかりの会議内容では、その変化に負けてしまいます。

●安い方がいい……だから料理のポーションを少なくする

●儲からない……だからＦＬ（原価と人件費）管理ばかりの会議とその対策になる

●人手がいない……サービスの効率化、店内イベントの中止、機械化、セルフ化に徹する

お客様を喜ばせることを忘れてしまうから〝安さ〟という差別化しか残らない。その結果コンビニ飲み、オンライン飲み、中食と競合になってしまうのではないでしょうか。

本書で紹介する「五感刺激マーケティング」とはお客様の食事本能を刺激して差別化を生み、

集客を高めるという手法です。

通説にとらわれることなく、自分のコンサルティング体験を踏まえ、本質的に強くなるための原理原則としてルール化し、取り上げたつもりです。

本書の内容は実際に数多くの顧問先で実践して頂き、全国で成果を出してる実例を基にしています。

本書が、皆様の「外食でしか創りだせない価値づくり」に少しでも役に立てば、こんな嬉しいことはありません。

五感コンサルティンググループ
株式会社バリュー
木下尚央之

目次

第2章 五感を刺激する売場づくりで劇的に集客が変わる

第3章 商品構成とメニューブックで集客力を変える

第4章 五感を刺激する商品づくり

第5章 お客様の心を掴みサービスを売上にする

第1章

お客様の五感を刺激する

食事本能を刺激する

お客様の五感を刺激しよう

100%ビーフのハンバーグをランチ時780円で売っているお店があります。

仕入れ値が上がり、人件費も高まり、利益がでなくなってきました。

さて、この店が考えられる対策は大きく2つです。

1つは価格訴求。

今の価格を維持するために、100%ビーフを合挽きにする。ハンバーグのポーションを下げるという考え方。

もう1つが価値訴求。

付加価値をさらに高めて値上げする考え方です。

たとえば、ハンバーグを鉄板にのせてお客様の目の前でソースをかけるようなシズリング提供をして価値を高め、価格を880円にするなどです。

どちらが正解不正解ということはありませんが、価格訴求のお店は、ある日突然不振化する危険を秘めています。それ以上に価格訴求をしている大手競合店が出てきたその日から集客が落ちるからです。それとは逆の価値訴求の店づくりで集客を実現したいものです。

では、どうやってその価値をつくり上げるかが重要になります。

①高品質にしても売上は伸びない

多くのお店は集客を高めようと商品の差別化を考えた時、食材の高品質化に取組みます。たとえば、ハンバーグであれば黒毛和牛にしたり、寿司店であれば大間の本鮪にしたり、焼鳥であれば地鶏を使うなどです。

ところが、この食材の高品質化は集客力を生みません。

実際に焼鳥店が銘柄鶏に変更しても売上は伸びませんし、海鮮の店舗が天然物にこだわっても客数は増えません。パンケーキのホイップのクリームを上質化しても同様です。

品質を高めることは大切ですが、品質の良さだけでは思ったような売上アップにつながらないのです。

②集客を変えるのは実感力

強烈な加速性能のエンジンを搭載している車があります。エンジンが高品質なのです。でも普通はなかなか売れません。価格が高いからです。

ところが試乗会で高速道路を走らせると、試乗会を終えた方は車を降りてすぐにこう言うようです。「とりあえず見積ください」。そんな取組みで販売台数を増やしたという話を聞いたこ

愛知県のハンバーグレストラン店内

とがあります。

車好きであればカタログを見るだけで、その高性能さは分かるのに、見積すらとらない。でも試乗会で高速に乗ると欲しくなる。

それは、その強烈な加速を実感したからです。実感が差別化なのです。

五感を刺激し食事本能を活性化させる

聞くと一番美味しいハンバーグの調理法はオーブン。肉は合挽き肉だと多くのシェフが言います。その通りだと思います。

でも不思議とお客様に訴求力や集客力があるのは、美味しいはずの合挽き肉のオーブン焼きではなく、「ビーフ100％の炭火焼き」なのです。

あるハンバーグレストランは売上活性化のために店舗リニューアルを実施しました。入口すぐに炭火の焼き台を実演化したのです。

入店したお客様は店に入るとすぐに大きな炉の上で大量に焼きあがるハンバーグ、その香り、炭火の温度を実感します。

その結果、お客様は食事本能が刺激され、出てきたハンバーグを一口食べて美味しいと言うのです。

「美味しさの見える化」はお客様の中に強い美味しさの実感を生みます。

この愛知県の郊外型ハンバーグレストランは、顧問契約時1億円に届かない年商でしたが、1つひとつ差別化の取組みをした結果2億4０００万になりました。

「美味しさ」は2か所に存在する

「美味しさ」は2か所に存在します。

1つは料理そのものの中です。

そして、もう1つはお客様の頭の中に存在します。

料理そのものを美味しくするだけでは、ごく一部の方にしか分かってもらえません。

お客様の頭の中に「美味しさ」をつくることができた時に、お客様の反応や売上に変化がおきます。

「美味しさ」を伝える最も効果的なのが、見える化して視覚に訴えることです。

「美味しさ」は2か所に存在する

そして、視覚だけでなく香り（嗅覚）、音（聴覚）、美味しさの実感となる味覚、寿司や蟹のように手づかみする触覚といった五感全体を刺激し、お客様の食事本能を刺激することで、「美味しさ」を脳裏に強烈に焼き付けられます。

お客様の五感を刺激する「五感刺激マーケティング」で成長戦略を描き始めることができます。

2 内部に潜む2つの敵

お客様はヘビーユーザー化する

普段は新幹線の普通車にしか乗らない人が、たまたまグリーン車に乗ると、グリーン車は快適だなと感じます。ところが、数回立て続けにグリーン車に乗るとそれが当たり前となり、以前の快適さを感じなくなってしまいます。

テレビを買い替えた時「しまった！画面が大きすぎる！」と感じても、１か月もしたら何とも思わなくなります。

最初は便利だな、快適だなと感じていたものでも何度か利用すると何も感じなくなるものです。これをヘビーユーザー化といいます。

飲食店にとって、お客様は日本１億総ヘビーユーザー化してしまい、少しの差別化では興奮してくれなくなってしまいました。

顧問先のイタリアンでは、お客様の目の前にブロックチーズを持っていき、その中に茹でたパスタを入れてチーズをたっぷり絡める目の前仕上げのチーズパスタをやっています。そして

目の前仕上げのチーズパスタ

最後には、チーズたっぷりのパスタを熱した陶器に入れてグツグツの濃厚チーズパスタになります。

チーズに絡めている間、お客様はじっとその様子を見ているのです。ところが陶器に入れて強烈な音と湯気と香りを感じた瞬間「おーーー！」と言います。

この瞬間がヘビーユーザー化したお客様がライトユーザーに変わった瞬間です。

ライトユーザーとは、「こんなの初めて！」という感覚で、大げさに表現すると興奮しているお客様です。

マクドナルド一号店が出た時は皆が「こんなの初めて！」と感じたでしょう。ファミレスが登場した当時、家族客はごちそうであるハンバーグにライトユーザー化していたのです。

ヘビーユーザー化したお客様をライトユーザ

ー化させることができれば成長の波に乗る事ができます。

このライトユーザー化させる取組みは、他店がやっていない日本初上陸の料理をメニュー化することではありません。

美味しさを見える化したり、商品のシズリング化をすることでお客様を興奮させることで可能です。

私たちはお客様のヘビーユーザー化現象と戦わなくてはいけないのですが、それは今ある商品・サービス・売場に五感刺激マーケティングを導入することで実現できます。

市場が斜陽化しているから売上が落ちるのではありません。業態が陳腐化したのでもありません。店が古い老朽化したから苦戦しているのではありません。1億から2億４０００万になったハンバーグレストランはオープンして約30年、決して新しいお店ではありません。

自店の商品・サービス・売場が斜陽化しているのです。

頑張れば頑張るほど同質化する

多くの会社では、現状を見て店舗の改善や対策を考えます。

たとえば、人手不足という目に見える課題があり、その対策として、注文のタッチパネルの導入、お水やお茶のセルフ化、メニュー数の積極的な絞り込みを考えたとします。

論理的で理性的な対策です。

メニューを絞り込む際、どの商品を残すかとＡＢＣ分析をします。Ａランクを残しＣランクをなくします。とても論理的です。

しかし、ここに落とし穴があります。

Ａランク商品は、隣の店でもＡランクな場合がほとんどなのです。

居酒屋であれば、刺盛り、焼鳥盛り、鶏唐揚げ、シーザーサラダ、軟骨唐揚げ……。売れ筋商品は全国一緒です。メニューを絞り込んだ結果、競合と同じメニューになってしまいます。

オーダーをタッチパネル化すると、注文はセルフ化します。

人は知らないメニューを積極的に注文しません。外れがないように、食べたことのあるなじみ料理しか注文しません。なじみ料理では簡単にライトユーザー化しないのです。

今、どこのお店も人手不足ですし、生産性を高めないといけない環境です。

すべてのお店は同じような環境で、その対策を理性的・論理的に行います。

その結果、どうなるか。

すべてが同じ答えになってしまうのです。

人手不足　↓　セルフ化とマニュアル化

生産性向上　↓　メニュー数絞り込み

お客様の声　↓　より安く

高原価　↓　ポーションダウン

客数アップ　↓　他店人気メニュー・流行メニューの導入

必死で分析し考えた対策が競合と同じ答えなのです。

現状分析し、誰もが納得できる他社・他店と同じ答えの方向にすすんでいきます。

理性的・論理的だけで考えると、その正解はコモディティ化なのです。

コモディティというのは、お客様から見て、どの商品やサービスも大きな違いがなく似たようなものに映る現象です。

たとえるならティッシュペーパーのような日常買回り品です。ティッシュを買いにわざわざ遠方の専門店まで行くことはありません。どれを買っても大きな違いがないからです。

分析を頑張り、目先ばかりの対策をしていると、結果、競合店と同質化します。

同質化してしまっても、まだ対策は1つ残っています。地域で一番のさらなる低価格化です。

私たちは同質化から抜け出し、ヘビーユーザー化したお客様をライトユーザー化させないといけないのです。

3 差別化は一部のクレームを生む

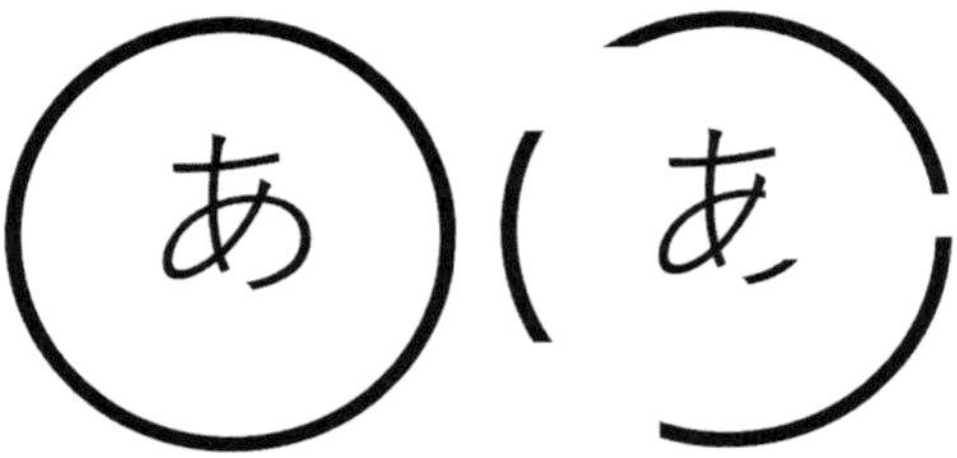

2つの「あ」

上図の2つの「あ」を見てください。

左の「あ」と右の「あ」、どちらが気になりますか？

よほどひねくれてしまった方以外は右の「あ」が気になると思います。

なぜ気になるかというと、右の「あ」は不完全だからです。言い方を変えると、人は完成していないものや欠点のあるものに目がいく習性があるということです。

飲食店には基本形のようなものがあるように思います。それはQSC（クオリティ・サービス・クリンリネス）かもしれません。

先ほどのハンバーグ店は強烈なシズリングが差別点で、そのシズリングを目当てにお客様はご来店しています。

差別点とは他店がやっていないところ。次ページの表で言うと、基本形から飛び出ているところです。

ここで、１つ問題がおきます。

このシズリングは時にクレームになります。髪の毛に臭いが付く、やけどした、ソースが跳ねて服が汚れた……。クレームは、次ページの表内にある、本来の基本形から欠けてしまっている部分です。

ここで先の「あ」を思い出してください。人はこの欠けている部分が気になって仕方ない気持ちになります。

お店でいうと、ミーティングの議題です。「今日も、服が汚れたとクレームがあった」となると、そのクレームをどうやって無くそうかという議題に終始します。

クレームを確実に無くす方法が1つあります。それは、鉄板をやめて普通のお皿にすることです。すると、間違いなくクレームはなくなります。

でも、同時に差別点もなくなるのです。結果、クレームのない「基本形だけ」のお店になってしまいます。

差別化は一部のクレームを生み、それを無くそうとした結果、もとに戻ってしまうことが多いようです。

・目の前でかけていたソースを厨房でかける

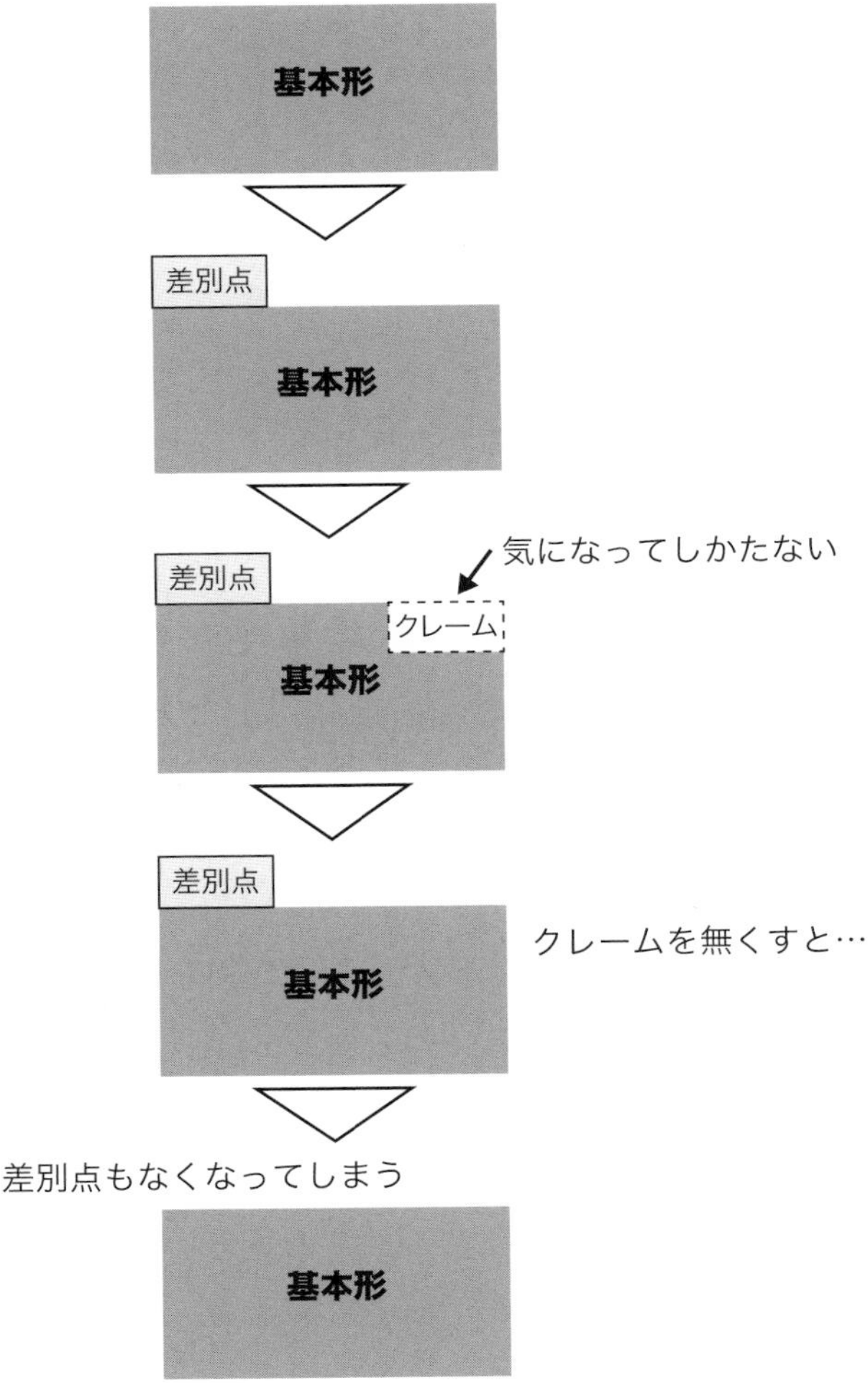

差別化とクレームは一心同体

・量が多すぎると言われ小ポーション化する
・ホールのオペレーションが回っていないので、注文をタッチパネルなどセルフ化する
・うるさいと言われて店内イベントをやめる

競合店がたくさんある中、千葉の成田にいつも賑わっているうなぎ店があります。

その店は大きな間口の正面でうなぎを大量に捌いているのが見えます。

うなぎを捌くところが見えることでお客様が鮮度を実感し、この鮮度感が集客力となっています。


ところが道路とお店の間には壁もガラスもありません。

道路のほこりのある場所で不衛生だ、見ていて気持ち悪い、などクレームもあるはずです。

もし、そのようなクレームに負けて、厨房の奥でうなぎを捌くようにしたらどうなるでしょうか。きっと、その日から大きく売上が落ちるはずです。


差別化は集客力なのです。

ところが、差別化はクレームを生みます。

誤解を恐れずに言うと、一部のクレームを生む取組みこそが、差別化になるのです。

4 差別化の核を売ることに専念する

ホンダ自動車といえば自動車を連想しますが、ホンダが世界で最も評価されているのは、小型で高性能なエンジンらしいです。

ホンダは高性能な小型エンジンの技術力に特化した結果、そのエンジンは耕運機から船舶にまで使われています。

ホンダの差別化の核は、自動車ではなく高性能な小型エンジンです。

カメラのフィルムは今や小さな市場になってしまいましたが、フジフィルムは成長しています。売上の多くを占めているのが、意外にも化粧品です。

フィルムをつくるのにはナノテクノロジーというミクロの世界の高度な技術力が必要で、さらにフィルムの原料の1つがコラーゲンです。このコラーゲンの高度な技術力が化粧品で力を発揮したのです。

この2社の事例が教えてくれるのは、1つの強みに特化した結果、それが他の商品や事業での成功につながっているということです。

私たち飲食店も同じです。

鮮度感や賑わい感など、何で差別化するかを絞り、それをお客様に徹底的に実感して頂ければよいのです。

ところが、勉強熱心な経営者ほど、こんな間違いをしてしまいます。

専門誌で見つけた面白い商品があれば自店に導入する。

繁盛店に行き、その店の名物料理を食べたところとても美味しかったので、同じような商品を開発してメニューに導入する。

焼鳥店なのに常連様は魚介の刺身も食べたいと言う。その声を聞き、焼鳥店が海鮮祭りをする。結果、何屋かボケてしまうので数か月後に集客が落ち始める。でも、刺身はなじみ商品なので売れてしまう。だから、刺身の導入は成功だと思い込んでしまい、課題に気づかない。

交友関係も広く、知り合いから依頼されコンサートのポスターを店内のあちこちに貼る。有名人のサインを貼る。結果、店内はイベントのチケット売り場のようになる。

大皿料理でお客様を興奮させていた店が面倒だから人数分に取り分けて持ってきて欲しいと常連様にいつも言われるのをきっかけに、大皿をやめてしまう。結果、料理提供時の、お客様の「おー凄いボリュームで美味しそうだ！」という声も興奮もなくなってしまう。

このようなことが起こらないようにするためには、お店の「差別化の核」を改めて明確にすることです。

海鮮居酒屋である自店の差別化の核は「鮮度感」だ。

そう決めたら、その核である鮮度を総力戦で売るのです。

店内には魚介の食材陳列をして、メニューブックは鮮度感づくりのために手書きメニューも取り入れる。一番商品は主力の海鮮料理で、本日仕入れの刺身の7種盛り。フェアーは鮮度感を印象づけるために豊洲祭りや漁港直送祭り。店内は市場をイメージさせて明るくて、席間は狭め。月に1回、鐘を鳴らして鮪の解体ショーを実施する。

美味しさの核を売るために商品・売場・サービス・販促の総力戦で実施することが大切です。

核のない、いいとこ取りの総合店に集客力は宿りません。

自店の差別化の核を明確にすることが繁盛店づくりのスタート地点です。

5　五感刺激で経験価値を高める

なんとなく楽しい満足感

原価が上がってしまう原因の1つに食材ロスがあります。

顧問先の回転していない立ち寿司店では、食材ロスの対策として以前にこんなことをしました。

たとえば、鰤が見込みより売れずに在庫が多くなりそうだったとします。そんな日は注文が入っていなくても鰤を10貫握ってしまいます。

そして、その10貫をお盆にのせて店員さんが鐘を大きく鳴らし、「ただいま旬の鰤握りたてです。一貫１８０円です。欲しい方おられませんか」と大きな声で叫びます。他のスタッフも「鰤にぎりたてです」と大きく連呼します。できたて告知です。店内が大きな声と鐘でとても賑やかになります。

一人でも手を上げる方がいると、その後多くの手が続々と上がります。

30分毎に1回実施していたのですが、毎回ほとんど売り切ってしまうのです。

メニューブックに鰤は掲載されているのに売れない。でも鐘を鳴らすと売れる。とても不思議な現象です。

お客様は鰤を買ったのではありません。

旬・握りたてを買ってくれたのです。

そして、鐘がなり、店内はワイワイ、ガヤガヤと他店とは違う賑わいを感じることで、楽しい時間になり興奮したのです。


小さなイベントですが、お客様からすると普段は体験できない小さな新しい経験です。

このような商品やサービスを通じて得られる、特別な感覚の心理的価値を経験価値といいます。

ファイブウェイ・ポジショニング

ファイブウェイ・ポジショニングという考え方があります。

その内容は、次のようなものになります。


独自性をつくり上げ集客力を高める要素は5つある。

その5つとは、立地・価格・商品・サービス・経験価値である。

そして、独自性をつくり上げるには、5つのうち、
①1つが業界水準や競合店より突出していて（支配）

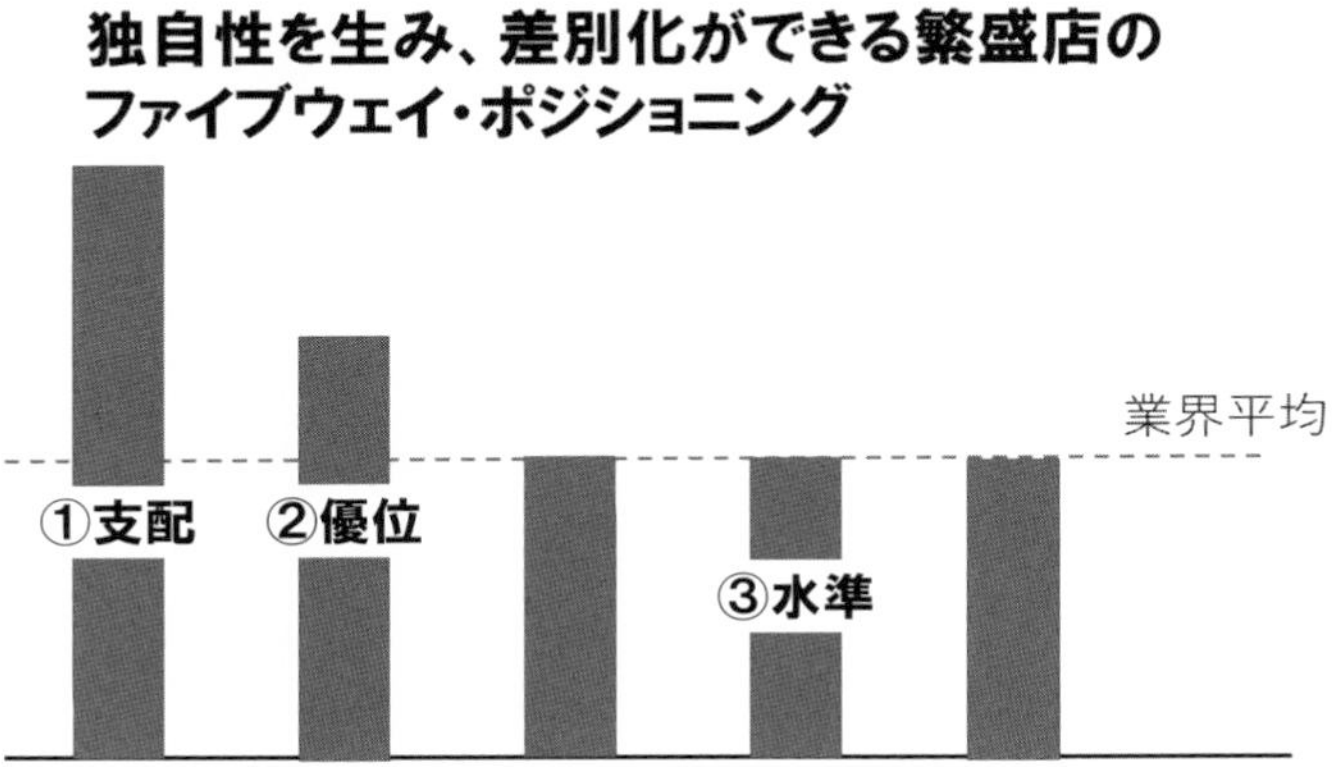

ファイブウェイ・ポジショニング

②1つがやや優れていて（優位）
③残り3つが水準（水準）
であれば競合との差別化が実現できる。（上図）
たとえば、マクドナルドの多くは駅前の超一等地で立地が突出しているし、価格には大きな違いが無くなってきた回転すし大手の中でもスシローは商品力が突出しています。

原価高騰と人手不足という2つの事実の対策として多くの店では、値上げと省力化を実施しています。

ある会社は280円均一の焼鳥居酒屋の繁盛店を展開していました。しかし、原価高騰のため280円を298円に値上げしました。

自店は繁盛店だ。少しの値上げなら大丈夫だ。人手不足は今後ますます進行するだろう。時給もどんどん上がっていく。無駄なサービスはなくし、注文はタッチパネルに切り替えよう。

その結果、売上が30％近く落ちてしまったそうです。

社内では値上げで集客が落ちたと考えたようですが、ファイブウェイ・ポジショニングの法則で考えると、それだけが理由だったとは思えません。

２８０円を２９８円に値上げしたことで、価格力は確かに下がりましたが、それでも均一価格という強みはしっかり残っているので業界水準以上です。

立地は変わっていないし、商品は基本変えていません。

この店はセルフ化をあまりにも強めたことでサービス力が業界水準以下になってしまったことが、売上ダウンの決定打になったかもしれません。

事実、以前は季節メニューの美味しさ説明や誕生日サービスなど、スタッフとお客様が会話をしたり接する頻度が多くサービスで集客している一面も強かったのですが、それらのほとんどが無くなってしまっていたのです。（次ページ図表）

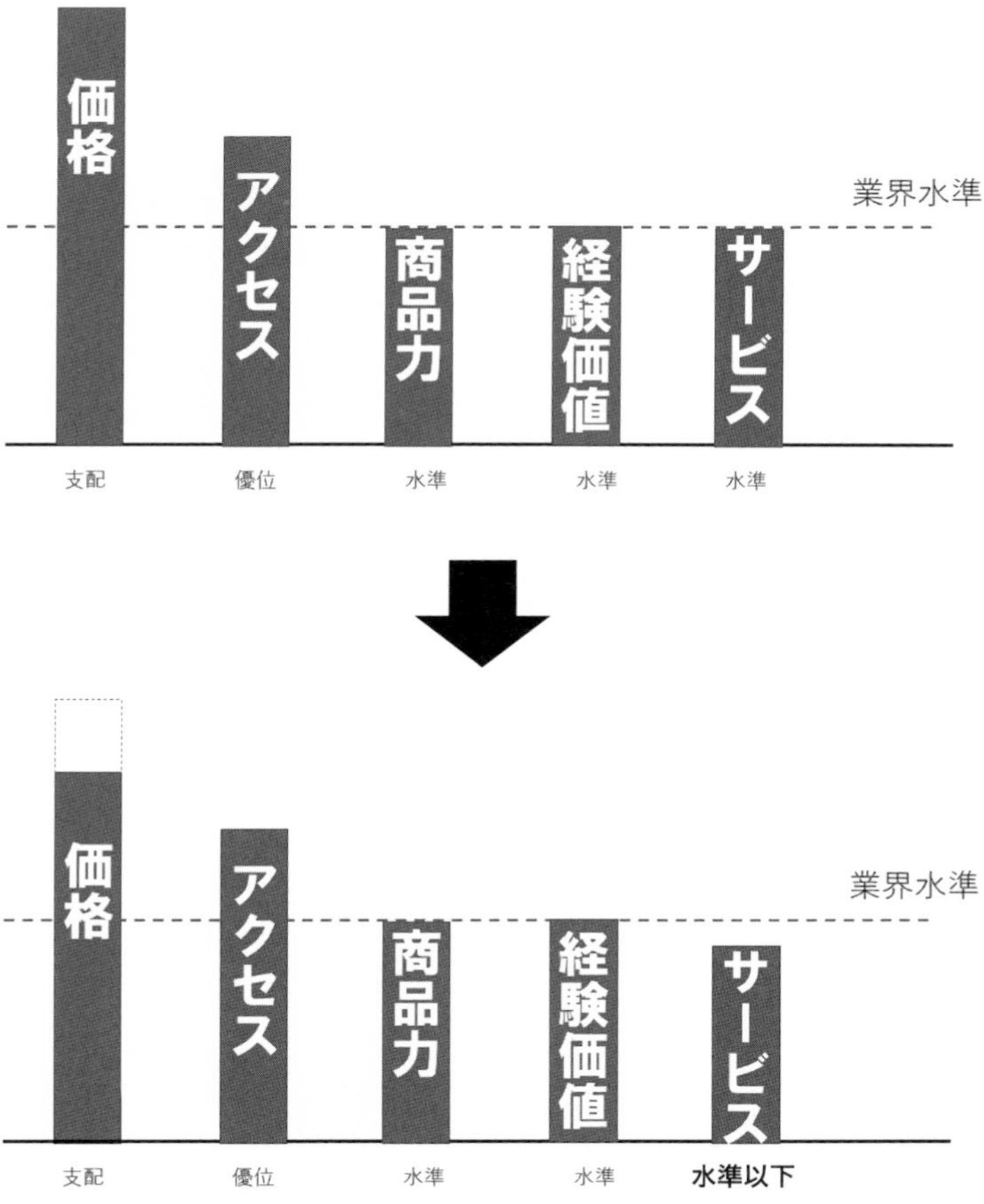

なぜ繁盛店の売上が落ちたのか

5つのうち何か1つに特化する

シズリングなど差別化した商品でお客様を興奮させ、五感を刺激する実演調理という美味しさの見える化でお客様を興奮させ、店内イベントで活気をつくりお客様を興奮させる。

お客様を興奮させる取組みを連続していけば、それは、その店でしか体験できない経験価値となります。


せっかく食事に行くなら、少し遠いけどあのお店に行こう、安い店は他にあるけどあの店に行きたいとなり、立地の悪さを無効化し、低価格化に飲み込まれることなく繁盛化できます。

参入障壁を高めるのが経験価値

昔は飲食店1店舗開業することはとても難しかったのだろうと思います。

どんな立地がいいのか、厨房に必要な機器や皿数、スタッフの集め方、仕入先をどうするかなど、分からないことずくめで、参入障壁が高かったのです。独立や開業を志してもあきらめる方も多くいたことでしょう。


しかし、今はフランチャイズもあれば、開業を徹底的にサポートしてくれるサービスや企業もたくさんあり、参入障壁がどんどん低くなっています。

差別化という参入障壁も同じです。

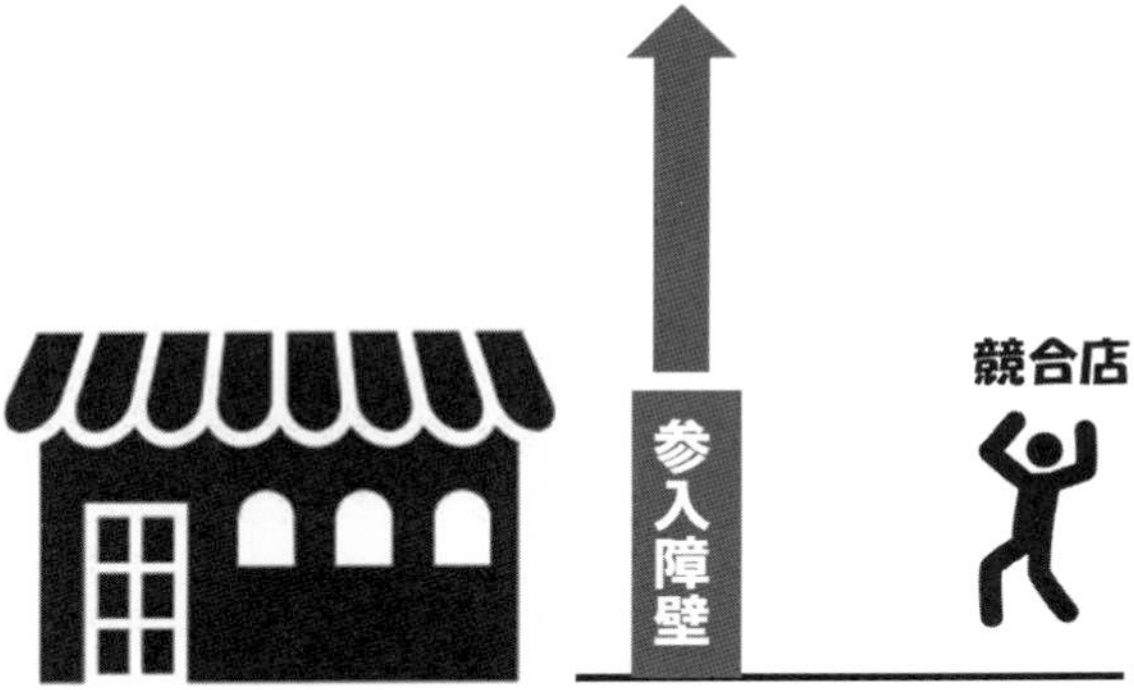

物まねできない参入障壁を築く

低価格化は物まねされやすいですし、低価格型の大手が近隣に出店してくることは大いに考えられます。

自店の人気商品が隣の店でも出されていたという経験はきっとあると思います。商品だけの差別化も参入障壁は低くなっています。

競合店が自店に来て、「この取組み、自店でも導入したい！けど、うちでは難しいな」と感じさせるような参入障壁の高い取組みが必要です。

それは、「経験価値の特化」です。

五感刺激マーケティングで多くの店舗の売上が活性化するのは、お客様の食事本能が強烈に刺激されるという、経験価値の特化が実現できるからです。

それは何も特殊な力や能力が必要なのではなく、どんな店でも再現できる取組みです。

投資の必要なものもあれば、そうでない手法もあります。人手の必要なものもあれば、そうでないものもあります。

私の顧問先でもすべてを取り入れているお店はありません。それどころか、何か1つを取り入れることで変化や成果が出ている事例が多いくらいです。

まずは、どれか1つから着手し、成果が出たら次の実施できそうな取組みをする事で十分成果が出てくるはずです。

そして、それらの小さな1つひとつの積み重ねで、物まねされない参入障壁を築き上げることができます。

集客の特効薬は持続力がありません。五感刺激マーケティング1つひとつの小さな積み重ねが重要です。

第2章

五感を刺激する売場づくりで劇的に集客が変わる

美味しさの見える化

掃除機のダイソンといえば持続する強い吸引力が差別点です。今はずいぶん改善されていますが、その吸引力がゆえに大きな音がします。

ダイソンの素晴らしいところは、吸ったゴミを貯める場所が透明で見えるところだと思います。中が見えると「今日もこんなにゴミを吸い取った」と掃除するたびに実感できるからです。もし透明でなかったら、吸引力のすごさを実感できず、うるさいだけの掃除機となってしまいます。

吸引力という「差別点が見える」からいいのです。

この差別点の見える化は、飲食店においても強力な差別化と集客力をつくりだします。

私たちグループの顧問先である郊外型の焼鳥店での事例です。炭火焼鳥のお店だったのですが、焼鳥が思ったほど売れません。そこで、焼鳥を売るためにリニューアルを行うことにしました。

厨房と客席の壁を取り除き、空いた場所に炭場を移動し、入口から炭場まで腰の高さ程度の

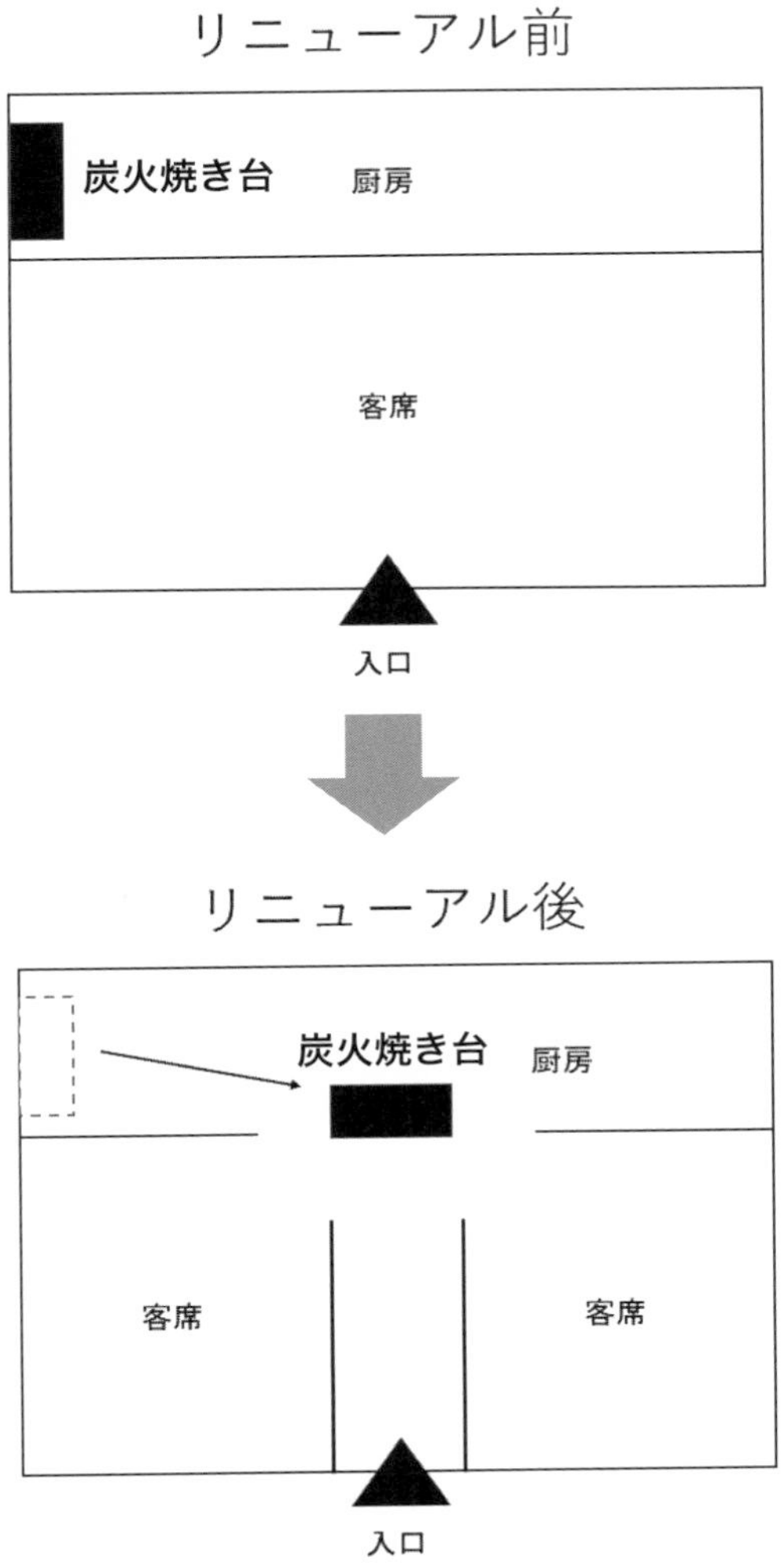

焼鳥店の店内リニューアル

柵をつくったのです。

目的は1つだけ。入店されたお客様全員が、炭火で焼かれる焼鳥を目の前で見ないと席に行けないようにすることです。

炭場の前で、①大量に焼かれている焼鳥を見て、②炭火の熱の温度を感じ、③炭の香ばしい香りを感じ、④立ち込める煙を見てから席に座ります。

お客様に焼鳥の美味しさを見える化したのです。

それにより視覚・嗅覚・聴覚など五感が刺激されます。食事本能が刺激されたことでお客様のファーストオーダーは変わります。とりあえずビールではなく、焼鳥になるのです。

事実、焼鳥の売上構成比は今までの2倍以上になりました。この店は、その後大きく売上を伸ばし、この五感刺激の方法を他の業態でも取り入れ、その数年後には上場を果たしました。

ＢＭＷの差別化は、駆け抜ける喜びというコンセプトに象徴されるように、ドライブの楽しさやその加速感です。

その実感を強化するために、あえてハンドルに振動が伝わる設計で、エンジン音も他社と違う音域の音がでるようにしているそうです。エンジン音を設計しているのです。

それがアクセルを踏んだ時に運転の楽しさを生み、加速している実感を強化させています。

差別化には、その実感が伴わないといけません。

店内挽きでハンバーグをつくる様子を見える化

サプリメントの一部には密封する最終工程でお酢の香りを入れるそうです。

そうすると、購入されたお客様が開封した時の第一印象はお酢の香りになります。お酢の香りを感じた人は、まだ飲んでもいないサプリにこう感じるのです。「とても体に効きそうな良い買い物をした」と。

メーカー各社は、このように取って付けたような取組みをしています。

その目的はたった1つ、差別化の実感をしてもらうためです。

この実感を強化させるためには、取って付けたような取組みが不可欠なのです。くどいですが、実感の伴わない差別化は伝わらないのです。

あるハンバーグ店では、店頭のサンプルケースの中に黒板が置いてあり、こう書かれていました。

「当店は店内で挽肉を挽いています」

海鮮居酒屋では海鮮を陳列

この看板を見て入店する人はほぼ0人だと思います。実感がないからです。「食べてもらえば分かるはず」はもう通用しません。分かってもらえないことを前提にすべきです。

愛媛にある顧問先のハンバーグ店は店内挽きでハンバーグをつくっている繁盛店です。

それは、店内に前ページの写真のような挽肉をつくるミンサーという機械と、手ごねしている姿を見える化することで、鮮度や技術を実感できるからです。

漁船と契約し、漁船直結のような鮮度に強い差別点があるにも関わらず、客不足で苦戦している店もあります。

その理由は、その強烈な鮮度が見えない、鮮度が実感できないからです。

顧問先の海鮮居酒屋では、魚の入ったトロ箱や発泡スチロールをボリューム陳列してもらっています。鮮度の見える化をしているのです。

関東の海鮮居酒屋の顧問先で以前クレームがありました。

その店には大きな生け簀《す》があります。注文の度に生け簀《す》から鯵をとり、捌きたての鯵を提供しています。

毎週決まった曜日の決まった時間に必ずご来店してくれる常連様がいるそうで、毎回必ずその鯵の姿の刺身を注文されるそうです。

捌いてから少し時間が経った頃が旨味成分も増え、鯵が一番美味しくなるタイミングだそうです。

そこである時、その常連様が来る時間を見計らってあらかじめ鯵を捌いておいたそうです。案の上、その時間にこられた常連様は鯵をご注文されました。今が一番美味しい状態ですと言って、用意していた鯵を出したところ、その常連様は怒って帰ってしまったそうです。

大きな肉の熟成庫が客席から見える

お客様は美味しい鯵より、美味しさの実感、美味しさの見える化された鯵に美味しさを感じていたのです。

焼肉店やステーキ店が熟成肉をメニュー化しても思ったほど売れません。売れるのは、上の写真にあるような大きな熟成庫が客席から丸見えのお店です。

イタリアン店が生パスタを導入しても、ロスが多くてメニューから外すことが多々あります。生パスタが売れるのは、生パスタマシンでお客様が多いピークタイムに製麺する様子が店内から見える店なのです。

差別化をお客様に伝えることができた瞬間から集客は変わります。差別点の見える化を実現できた店が集客をつかむことができるのです。

2 五感刺激のドミノ倒し

ハンバーグを炭火で焼いている実演を見せる、天ぷらを銅鍋で揚げている実演を見せる、ピザを釜で焼き上げるところを見せる……。

１つの調理を実演するよりも、その差別点の見える化を複数にすることで、より強烈な差別化が生まれます。

グループの顧問先の浜海道という海鮮居酒屋は月商２０００万円以上を売る繁盛店です。

入口に入るとすぐ左手に大量の魚と野菜の陳列があり、その後ろには3段の大型生け簀で強烈な鮮度を感じさせます。

右手には炭場があり魚介を焼き上げていて、生け簀と炭場の中央を通って席に座ります。

一番商品の刺身の盛り合わせは卓上で魚を炙ったり目の前仕上げをしてくれます。

食事をしていると魚が満載に入ったトロ箱をスタッフが持ってきて本日仕入れた魚とその美味しさを説明します。

五感を刺激し興奮させる取組みを連続してお客様に体験させています。

五感刺激①炭と薪で焼かれるハンバーグの実演
↓
五感刺激②熟成庫で本物を実感
↓
五感刺激③精米機で米の鮮度を実感
↓
五感刺激④サラダの目の前仕上げで鮮度の実感
↓
五感刺激⑤強烈なシズリングのハンバーグで興奮
↓
五感刺激⑥営業中の精米で鮮度の実感

五感刺激のドミノ倒し例

1回の差別化の体験ではなく、その差別化を連続で次々と複数回体験してもらうことで、より強烈な差別化が生まれます。

グループの顧問先にハローキットという愛知県の繁盛ハンバーグ店があります。

店内に入ると、炭と薪でハンバーグが焼かれており、その横には肉が大量に陳列されている熟成庫があり、さらに精米機も置かれ、営業中に精米しています。

席に座っても、炭と薪の香りは漂ってきます。個室がないので、店内はワイワイがやがやとてもカジュアルな雰囲気です。

サラダはスピニングボウルサラダを目の前で作り上げます。

しばらくすると、熱された鉄板の上にのったハンバーグができてきて、目の前でチーズとソー

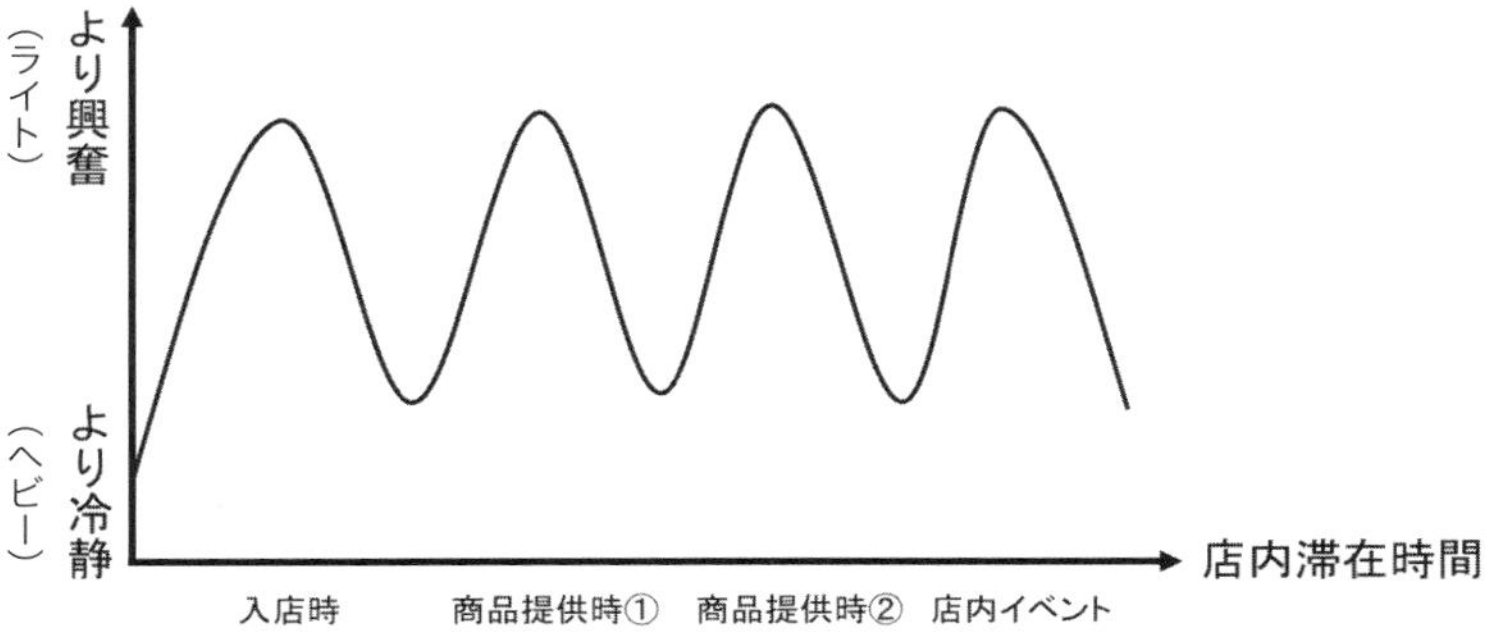

複数回にわたり、ヘビーユーザーをライトユーザー化させる

スをかけ強烈なシズリング提供をします。（前ページ図）

この差別化の連続を「五感刺激のドミノ倒し」と言います。

お客様の五感を刺激して１回興奮させるよりも、複数回興奮して頂くことが大切です。

平常心ではなく、興奮した瞬間にヘビーユーザー客がライトユーザー化するのです。

複数回ライトユーザー化すると、その店でしか体験できない経験価値となり、他では代替できないお店と認識されます。だからリピーター化するのです。

3 第一印象の特化

ウォルマートというアメリカ最大手のスーパーがあります。

この店の特徴はエブリデーロープライス。各商品を年間通じてとにかく低価格で販売する。その代わり特売期間を設けない。だから販促費などもかからない。そんな低価格のスーパーです。

この約５０００店舗あるスーパーの１つの大きな課題が万引きの多発です。

万引きを減らす対策としてウォルマートがとった対策は、防犯カメラの設置、私服警官や万引きGメンの採用ではなく、「グリーター」の導入だったのです。

英語でグリーは挨拶する・迎えるという意味です。グリーターとは、お店の入口すぐに立ち、お客様のお出迎えをする仕事です。

お客様が来たら「今日は暖かいですね」と挨拶や会話をします。

驚いたことに、グリーターの導入で万引きが40％も減ったのです。

入店すぐにグリーターと目と目を合わせ、笑顔で挨拶や会話をすると、第一印象でグリーターの人がらを感じ、万引き目的だった人が万引きをせずに帰っていくのです。

第一印象がいかに人へ強い影響を与えるかがうかがえます。

この第一印象の重要性は、店づくりにも共通します。

飲食店の第一印象は店内に入ってすぐに目に入るものです。ほとんどのお店はこの第一印象がレジかもしれません。しかし、レジを見ても人の心は何も動かされません。

でも、店に入った瞬間にその店の〝強み〟が見えると強い差別化の実感を生みます。

そこには、いくつかのポイントがあります。

主力商品の実演をする

当然ですが、ハンバーグ店はハンバーグ、焼鳥店は焼鳥の「美味しさの見える化・実演化」をしなくてはいけません。

実演は必ず主力商品の実演で行ってください。

主力食材を陳列する

関東の海鮮居酒屋では店内に入ると15席のカウンター席があります。その最も入口よりにある2席をつぶして魚介の陳列をしてもらいました。

ある日、金目鯛を2日分入荷したので、ご入店のお客様に今日はこの金目鯛が一押しですと現物を指さしながらひと言伝えたところ、２９８０円の高額だったにも関わらず1日で完売しました。第一印象で鮮度を実感したのです。

「鮮度」の見える化された第一印象売場

食材陳列に効果を感じたので、もう1席分、陳列量を増やしました。魚介だけでは在庫が足りないので野菜も陳列することにしました。すると旬野菜の炭火焼の出数も伸びたのです。お客様は魚と野菜を買ったのではありません。見える化された鮮度を買ったのです。

イタリアンの顧問先ではピザ釜で使用する薪を大量陳列しています。薪で作った美味しいピザの見える化です。

焼鳥店では「炭火焼焼鳥」を「炭と薪で焼き上げる焼鳥」という名称に変更しました。焼鳥の香ばしさの見える化です。

焼き方だけを変えた時はお客様の反応が弱かったらしいですが、店頭に炭と薪を大量に陳列したところ、焼鳥の香りがよくなって美味しくなったねとお客様から言われ始めたそうです。

「香ばしい焼鳥」をイメージさせる陳列

うどん・ピザ店では、粉袋を店内入ってすぐに山積みしています。自家製の見える化です。自家製と書いた看板を店頭に置いても集客効果は限りなくゼロです。リアリティーがないからです。

商品価値の見える化が実感を生みます。

「温度」と「動き」

「海鮮の食材陳列」と「海鮮を焼く炭場」どちらが五感を刺激されるかというと、温度の高い物、動きのある物です。

もし生パスタの製麺機を置いても、営業中にまったく稼働しなかったら置物・飾り物になってしまいます。

別の表現をすると、お客様の一番多いピークタイムにあえて稼働すればその効果は大きくなります。

定食屋ではお米は準主力であると考え、米の美味しさを見える化するために精米機を導入しました。

そして、お客様の多いピークタイムに精米する取組みを1年以上していたのですが、お店のスタッフはあまりお客様の反応を感じていませんでした。

聞くと、オープン前の段階で精米機に玄米を入れて、ピークタイムにスイッチを押すという流れでした。それでは〝人の動き〟が弱いと考え、ピークタイムに玄米を入れる作業をしてほしいとお願いしました。玄米を営業中に入れてもらうようにしたのです。

すると変化が起こりました。

精米は1年以上前からしていたにも関わらず、お客様から「この店、本当に精米しているんだ」「お米おいしくなったね」と言われるようになったのです。

実演に「温度」と「動き」があれば、その効果はさらに高まります。

4 実演のデフォルメ化

デフォルメとは、いびつなほど大げさに強調して表現するということです。強いデフォルメがないと、五感を刺激し食事本能を刺激するどころか、気づいてすらもらえません。

自店は厨房が見える実演キッチンですと言われることがありますが、これぞ実演というお店にはあまり出合いません。

私たちの言う実演とは、あくまでも五感が刺激され、食事本能が刺激され興奮の伴う実演なのです。

一番多いのが、カウンター席と厨房に間仕切りがあり手元や調理器具の見えないお店です。手元や調理器を隠すようなものをつくっては、まったく集客効果がなくなります。ガラスも同じです。温度や香りが伝わらなくなるので効果はまったくと言っていいほど無くなってしまいます。

調理の見える化

たとえば、炉端。炉端の網や、その上で焼かれていく食材、立ちのぼる煙、立ち込める香り

炭と炎が見える炉端調理の見える化

が見えることは五感を刺激させます。炭が見えることでさらにデフォルメ化できます。

技術の見える化

より技術を感じてもらうために、まな板を上にとび出させ、手元が見えるようにすることも大切です。

顧問先のあっぱれ寿司は、シャリロボットを使っていません。技術という差別点があります。そこでその技術の見える化のためにカウンター席を少し見直しました。

元々はネタケースを主役として鮮度を見せるようにしていましたが、職人さんの手元を見せた方が、より技術を感じさせることができると考え、まな板の下にブロックを置いて底上げし、まな板と手元をカウンター席から見えるように変更しています。同様に調理器具もカウン

BEFORE

AFTER

あっぱれ寿司　カウンター席からの眺め

カウンター席まではみ出す調理器具

お客様から見えやすい場所で実演

ターから出ている方が効果的です。

接近戦

対岸の火事という言葉がありますが、距離があると臨場感は生まれません。

より近くで実演を感じてもらうために、実演前の通路を意図的に狭くすることも有効です。

視認性

実演はお客様のためにやるもの。店側の使いやすさばかりを優先すると、その効果は失われてしまいます。お客様の視点で、目線の高さなどを考えて行うことが大切です。

5 店内の属性化

ディズニーランドには自分の年齢など忘れさせてしまう魔法のような力があるようです。語弊を恐れずに言うと、ご年配の夫婦が10年振りに手をつなぎ、ミッキーマウスの耳をつけてしまいます。

ところが、帰り際、ゲートを出たとたん、奥さんはあわてて旦那さんの手を振り払い、ミッキーマウスの耳を外します。園外に出たら魔法がとけ、素に戻ったからです。

園内にいる時、お客様は完全にディズニーの世界にどっぷりと浸っています。

どっぷり浸ってしまう理由の1つに、園内から360度どこを見渡しても、高層ビルや高速道路が見えないことがあります。見えるのはディズニーの世界やディズニーの世界に溶け込んだホテルだけです。

ディズニー出店の際、上空に飛行機が通らない場所であることが立地条件の1つだったと聞いたことがあります。

もし、高速やビルなど日常生活の一環が見えてしまったら、お客様は一瞬のうちに素に戻るでしょう。ディズニーランドは人を素にさせる・冷静にさせるような物を排除したのです。だから、お客様はどっぷりとディズニーの世界に浸り、ディズニーランドを満喫できるのだと思います。

この360度、どこを見てもそれらしさを感じさせることを「属性づくり」と言います。ディズニーは園内のどこを摘まみ取っても「ディズニー」なのです。

私たち飲食店も同様です。自店という世界にどっぷり浸らせ、日常生活を忘れさせる空間をつくり上げることが大切です。

食事中に渋滞している道路が見えてしまえばそろそろ帰ろうかとなるし、速足で歩く忙しそうなビジネスマンが見えたら仕事の悩みや明日の仕事を思い出してしまい、せっかくの食事が台無しになるかもしれません。

顧問先では属性づくりのために3つのことを取り組んでいます。

①壁面を〝らしさ〟で装飾する

たとえば、イタリアンであれば壁一面にイタリアの建造物の写真や美術品を額縁に入れて壁面いっぱいに飾ったり、トマトの缶詰・オリーブオイルなどを陳列しています。店内に「イタリア」をつくるのです。

横浜の焼鳥居酒屋の伝兵衛は、老舗で食べる本物の焼鳥店という属性をつくるため、斜めに

店内に「イタリア」をつくる

店内に「古き良き日本」をつくる

店内に「魚市場」をつくる

店内に「精肉店」をつくる

かかる柱をつくったり、昔の家具を置いたり、紙垂《しで》（祓《はらえ》串《くし》などにつけて垂らす特殊な断ち方をして折った紙）で工夫しています。店内に「古き良き日本」を作っているのです。

海鮮居酒屋の顧問先では店内築地市場化（今では豊洲）を目指し壁面に市場にある看板をわざわざ作成して複数枚貼り付けました。

海鮮居酒屋は店内に魚市場を、焼肉店は精肉店を、うどん店は製麺所をつくり上げるのです。

この属性づくりで、非日常を演出しています。

②属性づくりにマイナスなものを排除する

時代劇の中に、ヤンキースの帽子をかぶり、ナイキのスニーカーを履いている人がいたら違和感どころか、時代劇すべてが台無しになってしまいます。

私たち飲食店にとって、日常を感じさせるもの、自店らしくないものがその人と同じ存在です。外の世界と自店の店内を遮断することで属性は強まるので、新店では極力窓をつくりません。外を見るたびに素に戻ってしまうからです。

飲食業界の導入期や成長期である１９７０～８０年代、店頭づくりのポイントは、店頭から店内のお客様が見えるという、入店の安心感づくりでした。

今は逆です。店頭ばかりは仕方ありませんが外と店内を遮断することが大切です。

またビールやハイボールなどのポスターも壁面から外しています。隣の店でも取り扱っている商品のポスターを貼っても差別化にはなりません。そこに意味はないのです。

業態やコンセプトにもよりますが、観葉植物を排除する場合もあります。お客様の食事本能を刺激することで集客は強くなりますが、観葉植物は心を穏やかにしてしまうからです。

魚市場の属性をつくらないといけないのにそこに植物があったり、製麺所をつくろうとしている中に胡蝶蘭が置いてあれば違和感でしかありません。

お客様に日常生活を忘れさせ、自店という空間で包み込む属性づくりが大切です。

③個室は集客力という罠

入店された家族客に、テーブル席と個室どちらがいいですかと聞くと、多くは個室を選ばれます。ところが個室で食事をした家族客が満足しているかというとそうでもありません。

なぜならば、個室に入ったお客様が見る光景は、いつも一緒に食事をしている家族だけ。いつもの自宅の食事と同じ光景だからです。

お客様にどちらがいいですか?と聞いても、お客様は自分が本当に満足するものを選択できない場合も多いと考えるべきです。

TPOによりますが、個室で食べるよりも、わいわい賑やかな空間で食べる食事の方が楽しかったりするものです。

残念ながら都市開発で立ち退きになってしまいましたが、関東のホルモン居酒屋は、全室個室でゆっくりお食事して頂けるホルモン店としてオープンしましたが、集客に苦戦していました。

そこで、壁をすべて取り払い、個室をやめ、席間もあえて狭くしました。

それから3か月後には、売上が1・5倍アップしました。

6 壁面で売上をつくる

顧問先での会議の際、宴会コース料理が議題に出てきました。

お客様が食べ終わる頃合いを見計らって、次の料理を提供しているお店だったのですが、食べ残しが多いのです。

量が多いからでは？　同じような味付けの皿が多いからでは？など、いろいろな意見が会議で出てきました。

その時に私が提案した内容は、会議参加者には意外な内容だったようです。

それは、お客様の食べている頃合いを見ての料理提供をやめて、できた料理をドンドン出してはどうか、というものでした。

事実、そのような提供に変えたところ、その店は今までと同じ料理・同じボリュームで出していたにも関わらず食べ残しがほぼ無くなったのです。

これには理由が2つあります。

1つは満腹中枢。

そして、もう1つが大切なのですが、テーブルが料理でいっぱいになること、テーブルの満載化です。

テーブルの上に料理が満載にあることでお客様は興奮してしまい、ついつい食べてしまうのです。

逆に1皿1皿個食で出ると、1皿のボリュームはとても少なくなり、人は冷静になります。冷静さでは食事本能が刺激されないので食べる量が増えないのです。

ですので、顧問先では食べ終えた皿も、全部下げないようにしてもらっています。テーブル上にあるのが、すっかりぬるくなったビールだけになってしまうと楽しい食事感・満喫感がなくなり、リピートしてくれなくなるのです。

私たち飲食店の食事は楽しくなくてはいけませんから。

壁面ＰＯＰで追加オーダーを取る

コース料理や宴会料理の場合はテーブルの満載化を調整できるので良いのですが、居酒屋のような単品型のお店にはある問題が起こります。

ファーストオーダーのあと、追加注文が通らないという問題です。この場合、テーブル上には少量だけ残った冷めきった皿がある状態なので、料理の満喫感や楽しさは損なわれてしまいます。

どんどん注文して、どんどん飲む事で、食事の楽しさは増します。

イタリアン居酒屋　ナチュラの吊るしPOP

追加オーダーをとってもらうために壁面POPがあります。

武蔵小杉にある繁盛イタリアン居酒屋のナチュラは、店内の右端から左端に紐をかけて、そこにPOPを大量に吊るしています。

POPには、カルパッチョなど一番商品もありますが、その多くは「がぶ飲みワイン」など追加オーダー型の商品です。

食事がすすみお腹が満たされたお客様は、少し酔ってくるとメニューブックを開かなくなります。

そんなお客様にも、吊りPOPや壁面POPがメニューブックとなり、追加注文が通ります。

・お会計は安く済んでも、料理やお酒を満喫しなかったお客様
・少し予算オーバーだけど、しっかり満喫したお客様

店内の壁面ほとんどをPOPに

またご来店してくれるのがどちらかは明らかです。

客単価約4000円の炉端居酒屋はのど黒の煮つけや鮑の地獄焼、伊勢海老の刺身などごちそうメニューで集客していました。

ところが、お客様の注文の仕方を聞いたところ、お客様の多くがファーストオーダーでごちそう料理をご注文した後、あまり追加オーダーがなかったのです。

そこで、この店では壁面の70％近くをPOP化しました。

すると、追加オーダーが増えはじめ、客単価が初月で300円上がり、半年後には客単価が500円上がり、客数も3〜5％ほど増えました。

客単価を上げると客数が落ちると考えてしま

いがちですが、客数が落ちるのは満足感と満喫感が落ちた時です。

定食屋などでは、追加オーダーは見込みにくいですが、壁面ＰＯＰを見ることで、次はあれを食べてみようと感じてもらうこともできます。

郊外型そば店では、壁面に天ぷら15品の単品ＰＯＰを死角がないように貼ったところ、天ぷら単品の出数が増えています。

壁面で追加オーダーを取れるよう一度壁面を見直してみてください。

見るＰＯＰと読むＰＯＰ

鶏のしぎ焼きというメニューがあります。生でも食べられる鮮度の良い鶏のささみ肉の表面を炙り、わさび醤油で食べる料理です。

ある顧問先でこの料理をメニュー化したところ、中まで火が通っていないとクレームが多発しました。生でも食べられるささみ肉ですので大丈夫ですとスタッフが丁寧に説明しても気持ち悪がって半分以上の方が食べ残したそうです。

そこで、しぎ焼きとは生でも食べられるメニューだとしっかり商品説明をしたＢ５サイズのメニューをつくりテーブルの上にセットすることにしました。

すると驚いたことに、その日から出数が3倍に跳ね、クレームは0になったのです。

しぎ焼きはお客様をライトユーザー化する商品なのですが、なじみがないのでなかなか注文

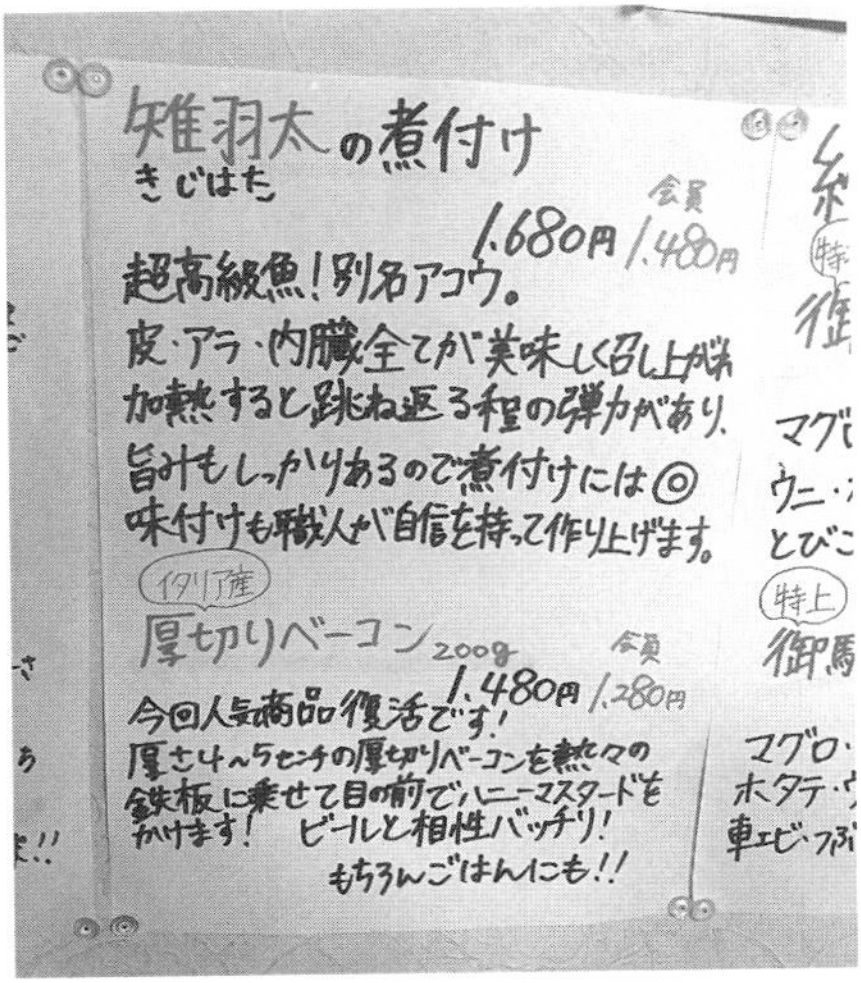

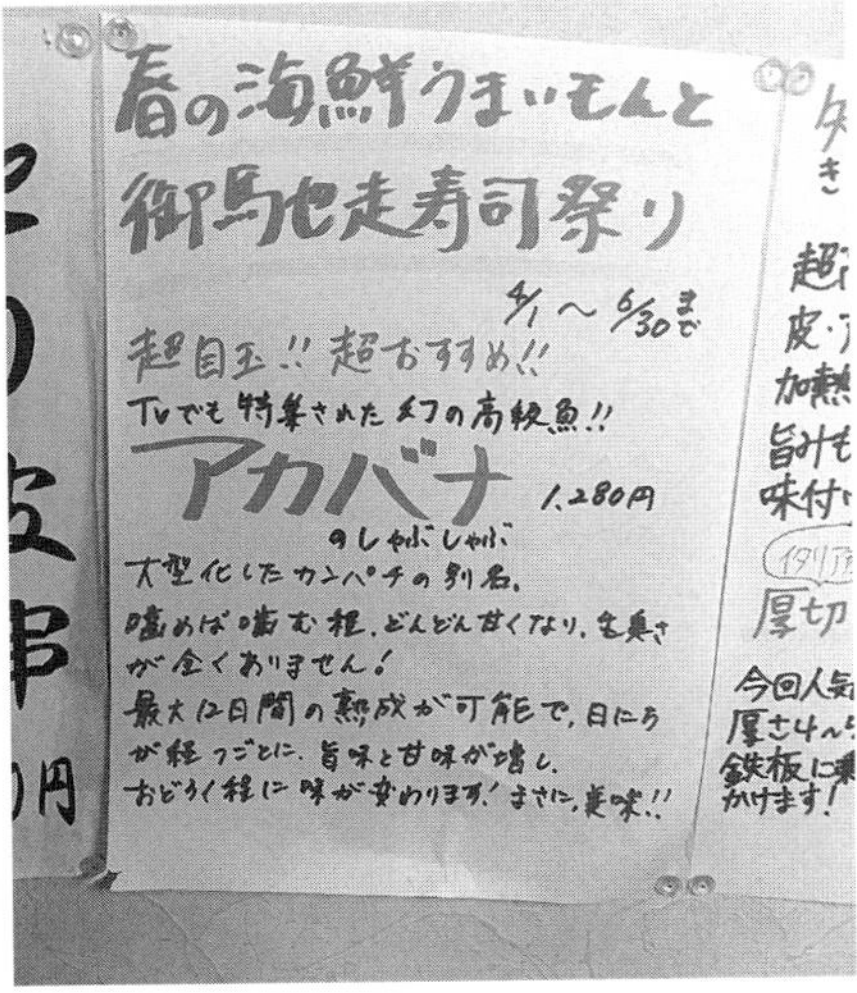

文章によるPOPのシズル化例

されません。しかし、しっかり価値が伝わると出数は跳ねます。

九州の海鮮居酒屋では、なじみのない魚を仕入れて専門店性を強化していましたが、価格も少し高めなので、オーダーがあまり通りませんでした。

そこで、店長がしっかり魚種の説明を書いたＰＯＰを壁面に貼ったところ、出数は今までの2倍以上に跳ねました。

一番商品の出数が低い店は、美味しくないからではなく価値が伝わっていないだけかもしれません。

品名と価格と写真だけの見るＰＯＰではなく、しっかり説明文を書いた読むＰＯＰで「文章によるＰＯＰのシズル化」をやってみてください。ＰＯＰ1枚でなかなか売れなかった差別化商品の出数が変わることもあるのです。

壁面で鮮度を売る

焼鳥の伝兵衛は店内に大釜戸を置いていて、そこでご飯を炊き上げています。

そのご飯は大釜戸で炊いた差別化商品なのですが、もう1つの取組みとして毎月お米を変えています。今月の厳選した美味しい米でつくる、大釜戸炊きの炊きたてご飯です。

大釜戸は店内で見える化ができています。「今月の米」も見える化することができればさら

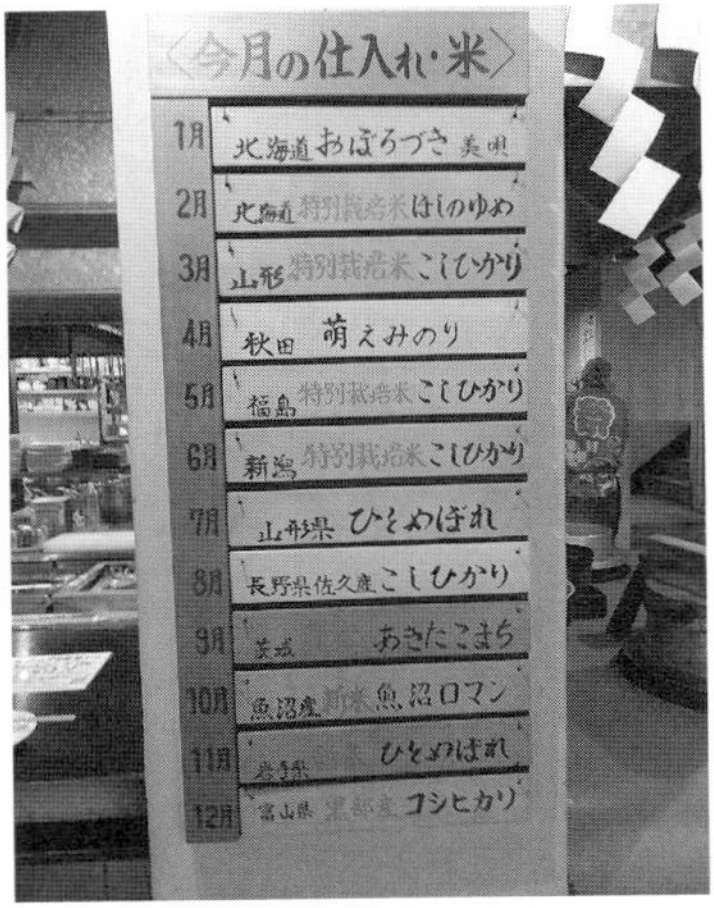

「今月の厳選米」をひきたたせる履歴

大釜戸炊きの炊きたてご飯の提供

に強い武器になります。

「今月の米：××産こしひかり」とだけ書いたPOPを貼っても、その月で一番美味しいお米で、毎月変わっているという厳選感はなかなか伝わりません。

そこで伝兵衛がやっているのは履歴の見える化です。各月ごとのお米を履歴として残し、それを大釜戸の横にある柱に大きく掲載しています。履歴がある方がリアリティさが明らかに違います。

肉には季節や旬がないので、変化性を打ち出すのが難しい業態です。

そこで、とんかつ店の顧問先では、今月の具だくさんお味噌汁を同じように展開しています。

具だくさんお味噌汁はプラス200円なのですが、履歴の見える化を始めたところ、その出

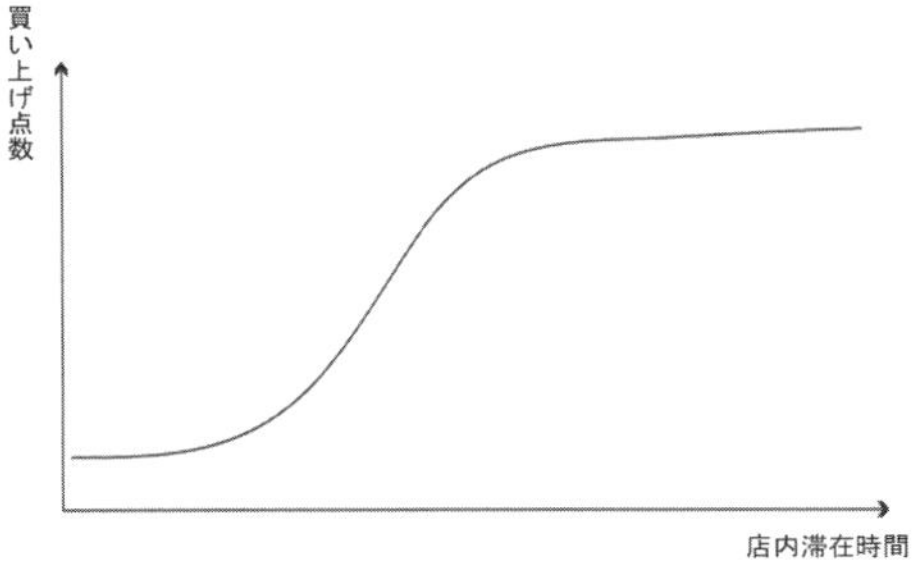

お客様の滞在が長いほど客単価は上がる

数が３倍以上に増えたお店も出てきています。

黒板で鮮度特化―注視時間の法則―

小売店はお客様の店内滞在時間が長いほど買い上げ点数が上がります。店内滞在時間と客単価が比例するのです。

この法則は、おすすめボードでも同様です。

顧問先の寿司店は、本日の仕入れという鮮度や旬の魚を売りにしています。

魚種も頻繁に変えているのでメニューブックにのっていないネタが多数あり、その出数を伸ばすことに力を入れています。

そこで活用するのがおすすめボードの黒板です。おすすめボードを置いているお店は多いと思いますが、どのくらいの大きさでしょうか。その大きさが小さいと、もしかしたらお客様は見てくれていないかもしれません。

小売店は店内滞在時間と出数が比例します。おすすめボードを見ている時間と出数は比例します。

少しでも長い時間、おすすめボードを見て頂き、旬の魚の出数を伸ばすことがこの店では重要です。

そのためには黒板の超大型化が有効です。

２４００×９００ｍｍ以上の黒板を使用しています。

その存在感は群を抜いています。

①おすすめボードを大きく

②そこに魚種名、その美味しさ説明、価格を掲載

③読みやすく縦書き・横書きに統一するのではなく、縦や横・斜め書きしたり、文字の大きさをバラバラに掲載

④品数は7種以上あると良い

とにかく読む時間を長くする工夫をしています。

その取組みもあって、旬の寿司や食べたことのない馴染みのない魚種が出ることで、他にはない鮮度のいい寿司店という顔ができています。

この手法は焼肉店でも実施しています。

今月の銘柄牛、旬の焼き野菜、今月の石焼ビビンバ、売りたいけどなかなか売れない差別化商品などを掲載しています。

黒板の書き消しで鮮度を売る

ピークタイムになると、スタッフが鐘を鳴らしてこう言います。「ただいま旬の根室産あぶらがれい捌きたてでーす！」そして黒板に、根室産あぶらがれい（品名）・価格を書き足します。

また鐘を鳴らします。「旬の真たち完売でーす！」そして、黒板の真たちを消します。

これをすることで黒板に鮮度が宿ります。ほとんどのお店のおすすめボードは単にメニューの紹介で終わっていますが、そこに人の力が入る事で鮮度が劇的に宿るのです。

このように強烈な鮮度感という差別点で、ヘビーユーザー客をライトユーザー化させることに成功すれば店は必ず活性化します。

7 新規客を獲得できる店頭づくり

店頭の役割は新規客の獲得です。

常連様は看板がなくても来店してくれます。店頭は新規客獲得のためにあると割り切って考えましょう。

ポジショニング

歯磨き粉にはさまざまな機能があります。虫歯予防、口臭予防、ホワイトニング、歯周病対策など多岐にわたります。

そんな中でクレスタという磨き粉は「虫歯予防の歯磨き粉」として売り出しました。その結果全米でシェアNo・1の歯磨き粉になりました。歯磨き粉の持つ機能の中の、何か1つに特化したことが成功の要因です。

楽天とアマゾンの違いは何か？　楽天は品揃えに特化し、アマゾンは納品スピードに特化しています。

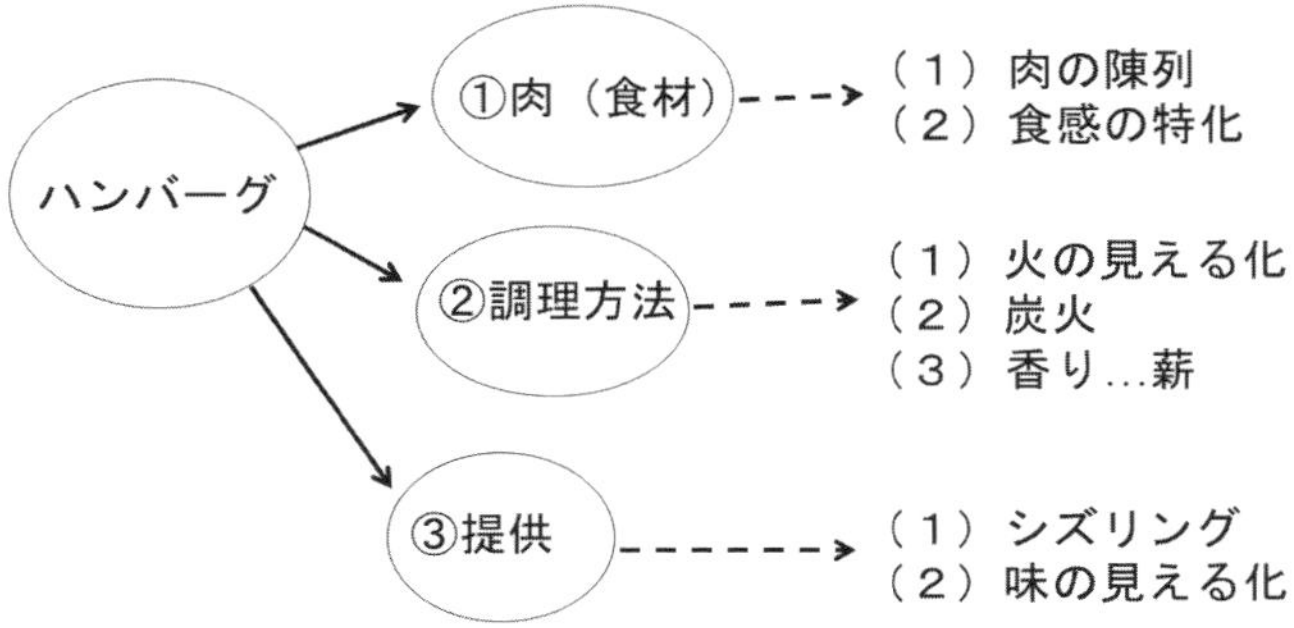

ハンバーグの美味しさを３つの要素で考える

車のボルボは安全に特化しています。

香りに特化した洗剤は人気です。

ハイチオールCは、健康だった効能をしみそばかすに特化して人気商品になりました。

このように、その商品やサービスが持っているさまざまな機能のうち、何か1つに特化して独自化する事をポジショニングと言います。

そして飲食店もまったく同じです。

ハンバーグの美味しさを、食材（肉）・製法（調理方法）・提供方法（シズリングなど）の3つの要素に分解してみます。

たとえば、その中の製法に特化し、炭火と薪にするのも1つの活性化策です。

すると、ハンバーグ店から「炭と薪で焼き上げるハンバーグ店」という表現に変わります。

冠（差別点）をいちばん大きくした看板

自店だけのポジショニングが生まれるのです。

ハンバーグは業態名であって、業態名に集客力は宿りません。その店のポジショニングである、「炭と薪で焼き上げる」調理方法が集客力です。

店の名前∧業態∧冠（差別点）

四国にある郊外型ハンバーグ店は、「超あらびき」という食感に特化したハンバーグを展開しました。

店頭看板で一番大きくしたのは、店名でなく、ハンバーグでもなく、「超あらびき」です。

店頭は新規客獲得のためにあります。

店の名前に興味のあるお客様はほとんどいません。また、ハンバーグという業態だけでは入店の動機として弱いのです。

新規客の獲得は「超あらびき」という差別点

でできます。

重要なのは何屋（業態）の前にくる冠文字なのです。店名を小さく・何屋かを大きく、そしてさらにその冠をもっと大きく、が原則です。

一番商品は新規客の獲得力

そのお店の象徴となる名物料理を一番商品といいます。

3店舗焼鳥店を経営していた顧問先でのできごとです。

その店では新しい一番商品として5回炙りの皮串を新たに導入するなど活性化の取組みをした結果、3店舗とも昨年比約110％売上を達成しました。

そんな時、3店舗のうちの1店舗だけ、大きく店名が書いてある店頭看板を見直しました。店名だった場所に、「5回炙りの皮串」と一番商品を大きく記載したのです。

すると、その月の売上が、他2店は110％、店頭を変えた店は117％になりました。それが3か月続いたので、7％は店頭看板による新規客だとなり他の店舗の看板にも大きく一番商品を掲載したところ、同じくさらに売上が伸びました。

一番商品の店頭訴求は新規客の獲得力となります。

海鮮居酒屋や他の店では、刺身・焼魚のカテゴリーごとの一番商品を合計3品タペストリー

女性客の多いお店は一番商品群を
イラストに

一番商品の３品を店頭で訴求

にして店頭に出しています。

1品より3品の方が入店の動機付けになるからです。

焼鳥伝兵衛でも同様に、名物である5回炙りの皮串・自慢の地鶏つくね・銀しゃり竈飯の3品を大きなタペストリーで店頭訴求しています。

男性客主体の場合は迫力のある文字などで本物感をだし、女性客主体のお店は品名にイラストなどを加えビジュアル化するとさらに新規の集客効果がでやすくなります。

高松にあるマレマレというバルは女性客の多いお店です。

ですので、店頭に大きな黒板を置き、マレマレの一番商品群を大きくイラストで訴求しています。

自店の強みをすべて店頭で見せる

タペストリー以外でも、目線の高さまである大きな黒板に一番商品を3～7品掲載することでも新規客が増える傾向があります。そして、それを見てご入店頂けるので、一番商品の出数が増える、注文が一番商品に集中するのでオペレーションを改善させるという効果もでています。

一番商品・製法・ポジショニングの店頭3点セット

香川県の郊外で展開しているおくどさんという海鮮定食の店の店頭は、

①ポジショニング

定食→海鮮定食

②製法

備長炭炭火焼：主力の焼き魚

毎日精米、大釜戸：準主力の米

③一番商品（一番カテゴリー）

三日漬け魚の炭火焼
玄米仕入れの毎日精米
3つを上手に掲載することで繁盛しています。自店の強みを店頭で訴求すれば、新規客は増えます。

店頭で、鮮度・できたて・本物感の見える化

海鮮居酒屋で店頭に魚を陳列してもらったところ、その日の夜に店長から電話がかかってきました。「通常の同じ曜日より3割客数が増えました」

文字やイラストで差別点を訴求するのも効果的ですが、新店開発やリニューアルの際は店頭から鮮度・できたて・本物感を見せるようにすると客数は増えます。

グループの顧問先である門左衛門というそば店が空港の施設にあります。

この店の主力はそば・天ぷらです。もともと売上の高いお店でしたが、「そばと天ぷらの美味しさの見える化」を実施するためにリニューアルしました。

そばは、大きな羽釜で茹でたてと本物感を見える化。天ぷらは銅鍋風の鍋を導入。油面と調理人の手元をお客様から見える高さにし、できたて感だけでなく、動きや技術の見える化、料理人の方に白衣を着て頂き、よりプロの貫録を見える化しました。

そして店前通行客に入店してもらうために、その羽釜と天ぷら鍋を店頭からも見えるように

店頭・店内の両方から作業のすべてが見える

レイアウト。店内でも店頭でも見える化を実施したのです。

その結果、もともと繁盛店でしたがさらに10%～20%近く売上を伸ばしています。

また、鮮度の訴求のために、店頭に天ぷらで使用する野菜などの食材を段ボールやケースに入れて陳列しています。店頭に小さな小さな八百屋をつくる感覚です。

店頭づくりは新規客の獲得力に直結します。新規客獲得のためには、低価格を全面にだすか、価値の見える化を実現するかのどちらかしかありません。

低価格は大手の戦略で、それ以外の店がとるべき戦略は価値の見える化です。

8 店頭に変化をつくる

こんな経験はありませんか?

ある時、通勤途中にリニューアル工事をしているお店がありました。

あれ?ここには何のお店があったんだっけ?

毎日通っているにも関わらず、そこに何屋があったかすら覚えていないのです。お客様にとって、店頭は景色の一部になってしまうのです。

景色の一部になるということは、毎日店前を通っている人にとって、そのお店は存在していないのとほぼ同じです。何かきっかけがない限りお客様にはなってくれません。

景色の一部にならないためには定期的に外観を変えることが有効です。

焼鳥の伝兵衛では、オープン時、戦略的に店前に小さなスペースを設けました。

春になれば菜の花、夏にはスイカ、秋には稲穂、冬には……などと定期的に店頭を変化させることで景色の一部にならないように取り組んでいます。

同じく顧問先で横浜にあるチーズカフェというイタリアンでは、店頭に時折風船を飾ることで景色化しないように、変化づくりに取り組んでいます。

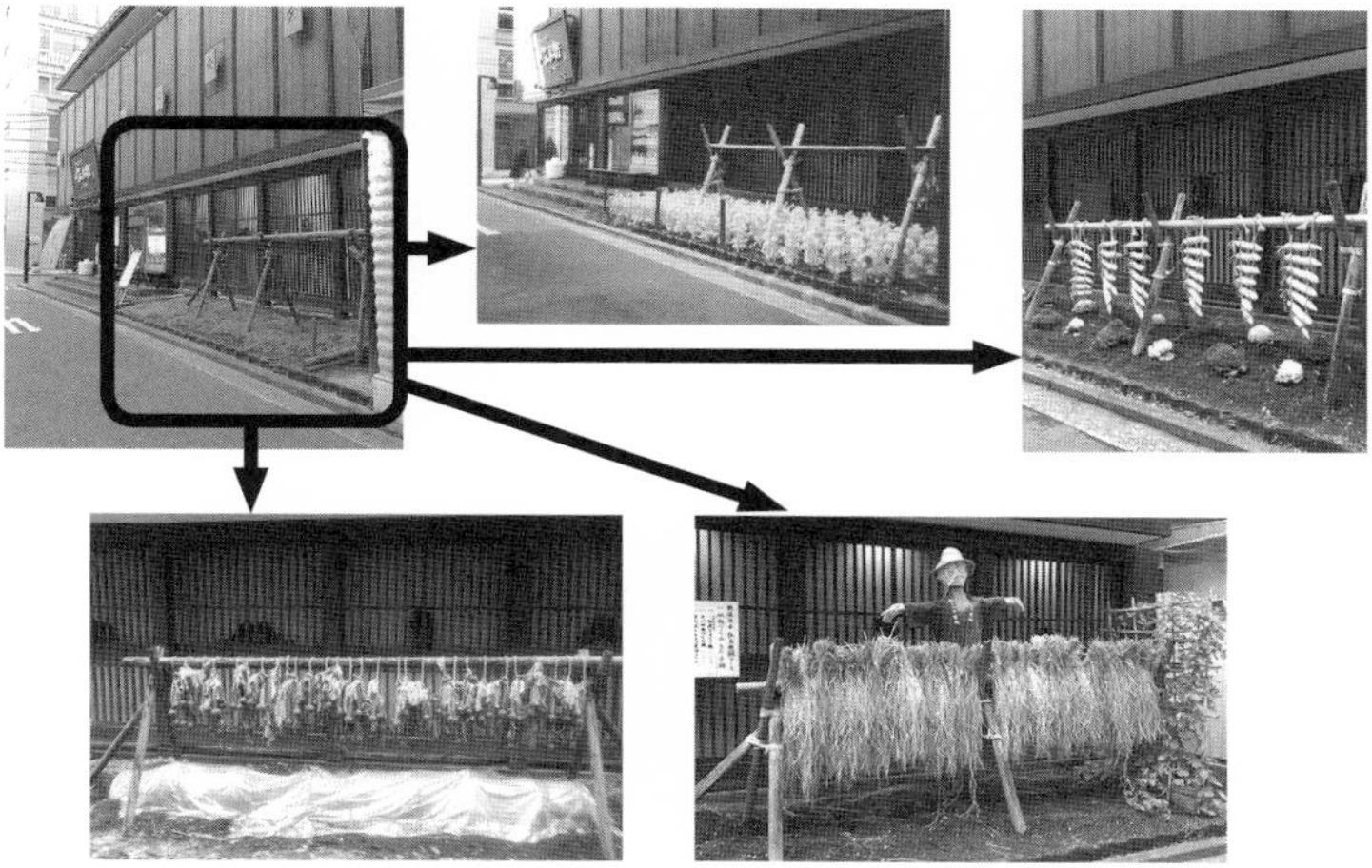

季節によって変わる焼鳥の伝兵衛の店頭

季節のメニューブックを店頭に置くような小さな変化ではお客様はまったく気づいてくれません。時には手作りで大きな変化をつくることが大切です。

　するとお客様はお店の存在に改めて気づき、「そういえば最近行ってないな。久しぶりに行ってみるか」といった、新規客だけではなく、なつかしい客の掘り起こしも期待できるはずです。

“景色の一部” 化しないために定期的に店頭に風船を飾る

第3章

商品構成とメニューブックで集客力を変える

主力カテゴリーの売上を伸ばせば集客は増える

郊外型焼鳥店の活性化

以前、郊外で焼鳥店を経営する会社から集客の相談を受けました。

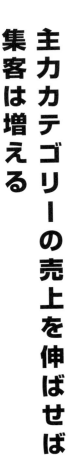

初めてお会いした時に「社長、この店は何屋ですか？」とあえて聞いたところ、当然「焼鳥屋ですよ」と返ってきました。

ところが、お店の売上分析をしてみたところ、焼鳥の売上が全売上の7％しかありませんでした。郊外型の繁盛店であれば、焼鳥の売上構成比は低くても20％あります。7％という数字は郊外型繁盛店と比較すると相当低い数字です。

この数字が示しているのは、お客様は積極的に焼鳥を食べていない・注文していないことを示しています。お客様は焼鳥を食べに来ていないのです。

あの時、お客様になぜ当店に来てくれましたかというアンケートを実施していたら、その答えはきっと「家から近いから」「駐車場が広いから」「何となく」という答えが多かったかもしれません。

集客を高めるということは、その店にわざわざ来る〝目的来店客〟をつくり上げることです。そのためには「焼鳥を食べにわざわざ行く店」にしないといけません。焼鳥の売上構成比を高めることがこの店の明確なテーマでした。

そこで、焼鳥の売上を伸ばすために、メニューや売場づくり・販促など1つひとつ見直していきました。すると、焼鳥の売上構成比7％の時は月商680万だったのが、11％になった時750万、15％で880万、最終的に26％になり月商1000万を越えたのです。

繁華街焼肉店の活性化

別のお店の事例をもう1つ紹介します。

関東の焼肉店に初めて訪問した時、経営者の方から今までのお店の経緯を教えて頂きました。

①もともと焼肉店としてオープンしたが、思ったような集客ができず、ホルモンの品数を増やした。

②ところが、それでも客数が増えない。どうしたものかと考えたところ、店内にはお酒を飲まれる男性客が比較的多い。焼肉利用のお客様だけではなく、男性向けの焼肉居酒屋として利用客を獲得しようと、枝豆、鶏唐揚げなど居酒屋メニューも複数導入した。

③それでも客数が増えないので、店舗ミーティングをした。ファミリー客が多いことに気がつ

き、ごはん・ビビンバ以外にもラーメン、チャーハンなど食事メニューを多数導入したが、それもうまくいかなかった。

④そうか！　お子様が食べるメニューがないからだ！と思い、お子様セットやデザートも強化したが、それでも集客が伸びず、現在に至る。

初めてお伺いしたこの時、メニュー総数がフードだけで約１３０品以上もありました。

経営者の話を聞き終わった後、１つ質問しました。

「今までの経緯はよく分かりました。ところで、主力の焼肉はどんな改良・改善をされたのですか？」

答えは「ここ数年、ほとんど何もいじっていない」とのことでした。そこで、「それが原因ではないでしょうか」とお伝えしたのです。

焼肉店は、まずは主力の焼肉で集客しなくてはいけないのです。にも関わらず、肝心の焼肉は何も着手していませんでした。

その店では主力の焼肉のボリューム・厚みなどを見直してお値打ち感を強化したり、値下げではなく注文しやすいような価格の見直しをしたり、メニューブックもリニューアルしてもらいました。

そして、居酒屋メニュー・食事メニュー・お子様メニューなど主力の焼肉以外のメニューを大幅になくし、約70品までメニューを絞り込みました。

とにかく焼肉の売上構成比を伸ばすことに専念したのです。

その結果、600万に届かなかった月商が半年後には1000万を超え、今では1200万以上売っています。

品数を絞ったにも関わらず、売上は2倍以上になったのです。

売上けん引の法則

ここまでの2つの事例で伝えたかったこと。それは、売上を活性化させる原則は、主力カテゴリーの売上を伸ばせば、店全体の売上が伸びる、ということです。

これを売上けん引の法則といいます。

逆に言うと、主力カテゴリーの活性化から逃げ、新しいカテゴリーを取り入れたり、新しい客層の獲得を狙ったりしても、そのほとんどはうまくいきません。

北陸のとんかつ店は昨年比割れから抜け出そうと、松花堂御膳、そば、釜飯などメニューを次々と導入しました。

関東の焼鳥店は魚の刺身を導入して売上を伸ばしたいと言います。

関東の郊外型イタリアンは初めてお会いした時、焼鳥を真剣に取り組んでいました。

ところが、どの店も集客効果はないのです。

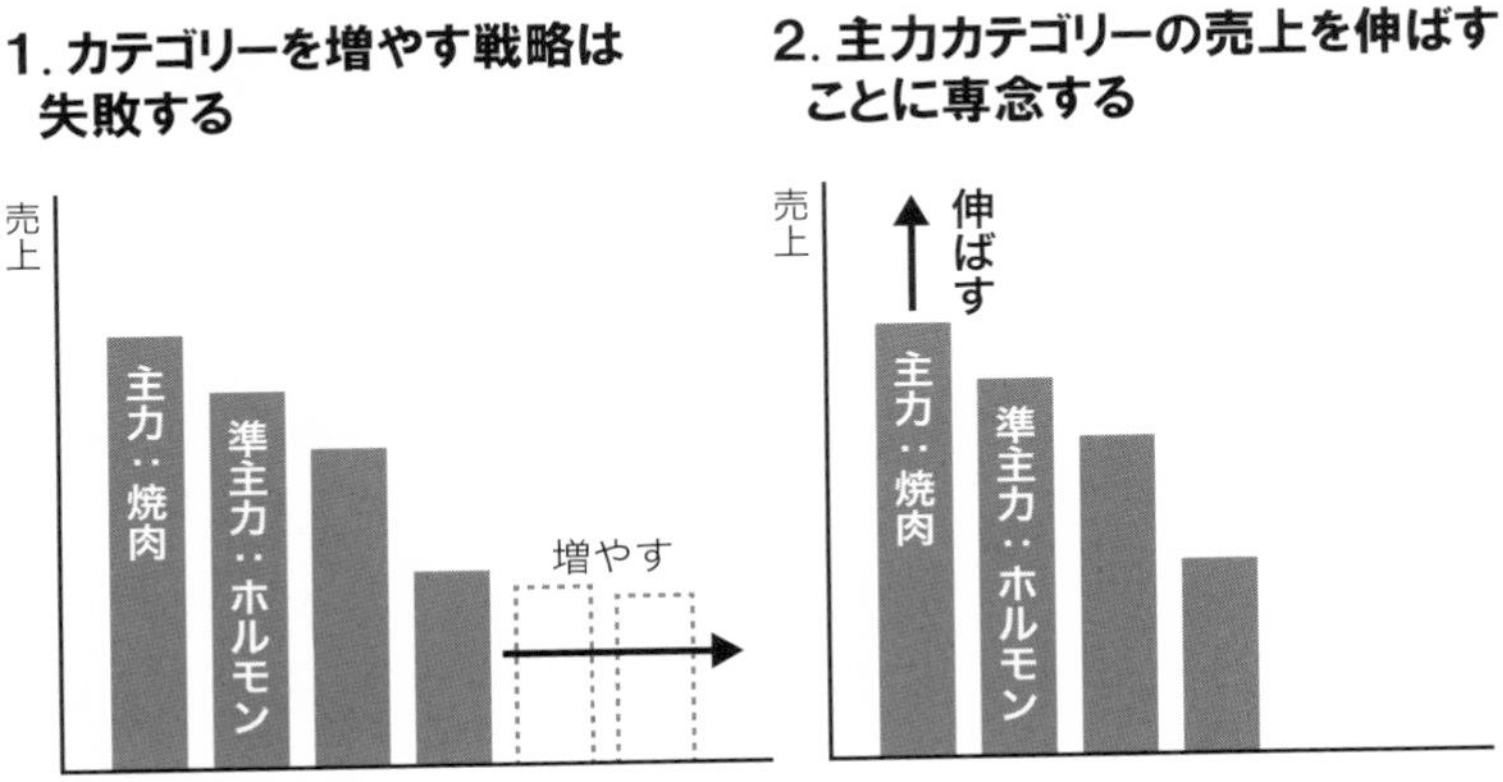

売上けん引の法則

「新しい客層を獲得しよう」とターゲットを変えたり増やす取組みや「新しい利用方法もできるようにしよう」というチャネル開発的な考えで、新しい商品カテゴリーを増やしていく傾向がありますが、多くはうまくいきません。

むしろ在庫が増え原価が上がる。月末の棚卸では毎月前日から憂鬱になり、食材の回転は落ち鮮度が劣化し、オペレーションは乱れ提供は遅くなります。

焼肉店は焼肉、とんかつ店はとんかつの売上を伸ばすことに力を入れるのが何よりも大切です。

まず最優先すべきは、主力カテゴリーの売上を伸ばすことです。

2 集客に必要なカテゴリーづくりの法則

基本形は「ごちそう＋なじみ」

牛タン居酒屋を経営している方から集客の相談を受けました。オープン初月５９０万の売上でしたが、半年後にはその半分に近い２８０万にまで落ち込んでいたのです。

店には牛タンを焼き上げる炭の焼き台があります。

そこで提案したのが、魚介や野菜の炉端料理を均一感覚の３５０円～３９０円に集中させ、15品ほどメニュー化することでした。

それから約半年後売上はピーク時までいきませんが４００万まで復活しました。

続いて別の会社の話です。

新しくお付き合いの始まった関西の顧問先は1個90円～４８０円の天ぷら居酒屋を経営していました。オープン当初は調子が良かったものの、オープン半年以降は少しずつ売上が落ち続け、その対策に悩まれていました。

その対策として、厚切り牛タンの炭火焼を導入して頂きました。

すると、3か月後に売上が伸びはじめ、坪月商50万を越える繁盛店になりました。

店名・スタッフはそのまま。売場も大きなリニューアルをせずにこの2店は活性化したのです。


この活性化には原則があります。

牛タンは「ごちそう」です。ごちそうには遠方から、わざわざあの店に行こうという「集客力」があり商圏が広くなります。

ただし、欠点もあります。利用頻度が少ないということです。

牛タン居酒屋は、牛タン＝ごちそうなので集客力は強かったけど、来店頻度が少なかった。オープン直後は「少し並んででも一度行こう」と爆発的に集客しましたが、お客様が一巡すると一気に客数が落ちたのです。次来るのは1年後、そんな感覚かもしれません。

なじみ商品は来店頻度が高いという長所があります。欠点は集客力が弱いので比較的近隣客しか来店しない点です。

先の天ぷら居酒屋は1個90円から注文できるという価格も含めてなじみ業態だったので、安定した売上がありました。客単価も2000円程度なので月に2回3回来られる常連さんも多くおられました。

しかし天ぷらは集客力が低い傾向があります。近隣のお客様は来るけど、遠方から来られる

基本形	ごちそう　＋	なじみ
牛タン居酒屋	◎　＋	炉端
天ぷら居酒屋	牛タン　＋	◎

メニューの組み立ての基本形

方が少なかったのです。商圏が狭いのです。

牛タン居酒屋は、なじみ商品の炉端をカテゴリーとして導入しました。結果、来店頻度の高いお店となり、売上アップを実現。

天ぷら居酒屋は、ごちそうの牛タンをカテゴリーとして導入し、商圏が広がり、集客力も高まる売上アップを実現したのです。

そう考えると、飲食店のメニューの基本形は、「ごちそう＋なじみ」です。このどちらかだけで成立するには、よほど多くの商圏人口がいる、圧倒的に有利な立地であることが必要になります。

人口減少時代です。「ごちそう＋なじみ」でメニューを組み立てることが大切です。

「食事メニュー」で食事の完結感づくり

関東の繁華街にある海鮮居酒屋の一番集客の高い曜日は

金曜日で、土日の集客はとても弱いものでした。

平日の売上を1としたら金曜日が2で土曜日は0・3〜0・5程度です。

土曜日の売上はまだまだ伸ばせると感じ、寿司を導入してほしいとお願いしました。

こんな繁華街に家族客が来るわけがないし、お酒を飲まれるお客様が寿司を食べることが想像できないと反対されました。しかし、他社での成功事例などを伝え続け、店舗スタッフにもやってみようと納得頂き、寿司を導入しました。

それから半年後、一番売る曜日は土曜日となりました。夕方5時のオープンと同時に、店内には来るはずがないと思われていた家族客であふれています。

土曜だけでなく平日も最後の〆に寿司を食べるお客様がほとんどで売上構成比は11％もあります。

定食屋は食事目的でお客様が来られます。

その時に一番大切な事は、間違いなく満腹になるかという事です。

数社の定食屋の顧問先で、毎週金・土・日曜日はご飯食べ放題という定型販促をしてもらったところ、ご飯の出数が多い時は2〜2・5倍に増え、客数も1・7倍近くに伸びました。

お好み焼きとご飯を一緒に食べる関西の食文化が信じられないと耳にすることがありますが、関東の人気イタリアンのランチはパスタ＋パン食べ放題です。

炭水化物をおかずに炭水化物を食べる。食事の満足感を実感しリピーターが増えています。

以前、郊外型の焼鳥居酒屋でもファミリー客を獲得するために釜飯を導入してほしいと提案したところ全員から反対されました。「近隣にファミレスや定食屋がたくさんある。自店が食事メニューを導入したところで集客は絶対に増えない」とのことでした。それでも食事メニューの重要性を伝え続けました。

私のあまりのしつこさにウンザリしたのでしょう。数か月度、釜飯を導入してくれました。はじめは、なかなか売れませんでした。釜飯は原価率も低かったので、出数を伸ばすために「毎週土日は釜飯30％ＯＦＦ」という販促を半年以上実施しました。

その結果、土日の売上が今までの1・7倍近く伸びはじめ、月商全体も大きく伸びたのです。食事目的のお客様はご来店時間が早い、食べたら帰るという傾向があるので席回転率も上がりました。

定食屋や居酒屋、和食・洋食などの業態、繁華街や郊外型などの立地に関わらず、食事性のあるメニューは集客力となります。

はしご酒をする方が少ない昨今、1店舗で食事の完結感を感じさせるメニューは集客要素です。

定食屋のご飯食べ放題や大盛無料。

うどん・そば店の丼メニュー強化。

海鮮居酒屋なら、寿司。

焼鳥なら釜飯や炊き込みご飯。

バルならパエリアやパスタ。


店舗の業態に合った食事メニューを導入してみてください。

専門店の顔となる主力カテゴリー

当然、お店には専門店の顔づくりとして主力カテゴリーが必要です。

お客様のヘビーユーザー化がすすむとマーケットは細分化します。

たとえば居酒屋だと、炉端や刺身など幅広く品揃えしている総合居酒屋はほぼ無くなりました。

厳密にはなくなったのではなく、総合居酒屋は、その中でも特に海鮮の美味しい海鮮居酒屋、焼鳥居酒屋、炉端居酒屋などへ細分化しました。

海鮮居酒屋であれば、さらに細分化は進み、まぐろ居酒屋や鯖居酒屋・熟成魚の居酒屋など、超専門店化しています。

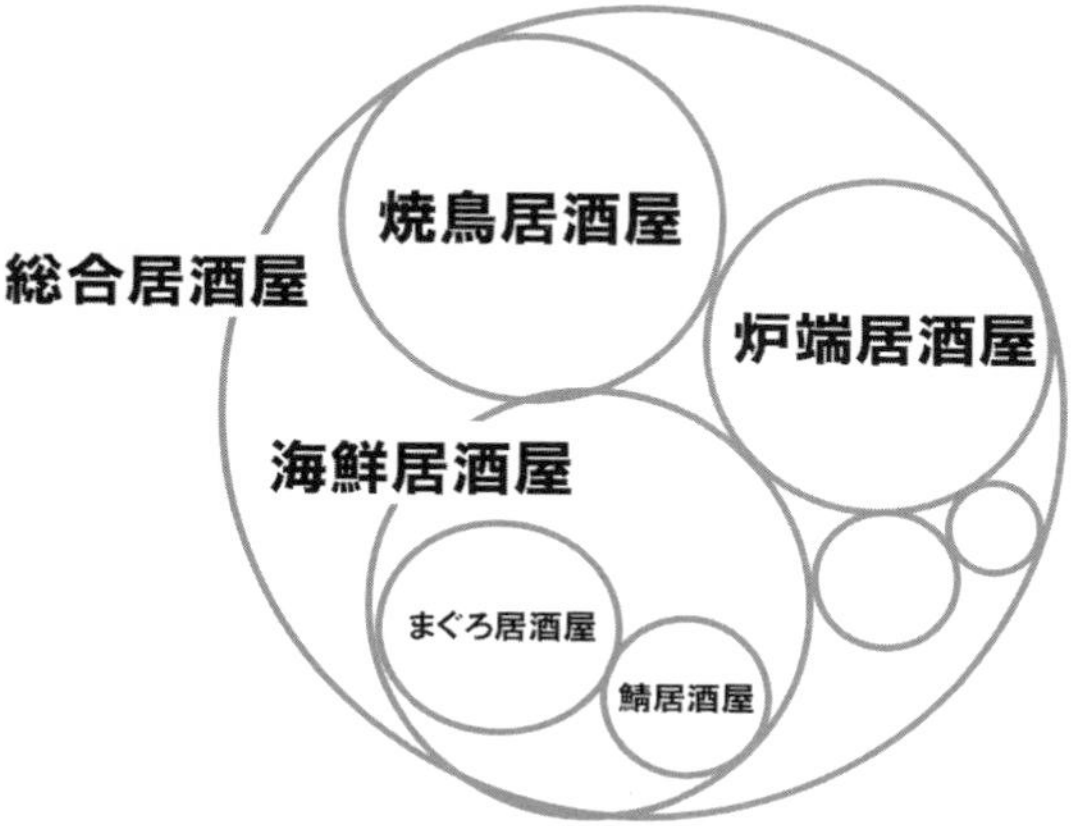

マーケットの細分化イメージ

総合居酒屋→海鮮居酒屋→まぐろ居酒屋。マーケットは、より専門化という細分化を続けます。

中華料理店も、餃子の美味しい中華、海鮮中華など細分化がすすんでいます。

新業態はゼロから生まれることもありますが、それは海外からやってくることがほとんどです。多くの場合はゼロから生まれるのではなく、超専門店化というマーケットの細分化から生まれています。

そして細分化した超専門店のマーケットが大きな市場へと成長していきます。

集客のためには、超専門店の顔づくりがその第一歩です。今ある専門店の顔を、さらに専門性を感じさせるための主力カテゴリーづくりが必要です。

	焼鳥店（例）	焼肉店（例）
①主力カテゴリー	焼鳥	正肉
②ごちそうカテゴリー	本日の銘柄鶏	本日の厚切り
③なじみカテゴリー	鶏唐揚げなど	ホルモン・キムチ
④食事カテゴリー	釜飯	石焼ビビンバ
⑤ドリンクカテゴリー	日本酒	マッコリ

持続的成長を実現する５つのカテゴリー

ドリンク・アルコール

ドリンク・アルコールももちろん大切なカテゴリーです。

ここで大切なことは、品揃えを幅広く持つことではなく、ドリンクの中で主力を持つことです。レモンサワーで集客しているお店を想像すると分かりやすいかもしれません。

純米酒の美味しいお店、生フルーツジュースの美味しいお店などと、アルコール・ドリンクの中にも主力の顔をつくりましょう。

以上をまとめると、業態によって違いはありますが、

①専門店としての顔となる主力カテゴリー
②目的来店客をつくる「ごちそう」メニュー
③来店頻度を高める「なじみ」メニュー
④完結感を持てる食事メニュー
⑤主力となるドリンク・アルコール

この５つのカテゴリーを持つことが持続的成長を実現でき

るポイントとなります。

美味しさのバリエーションの法則

約30品のつくねを品揃えしているお店がありました。20ｇ程の小ぶりなつくねに梅を少しトッピング。つくねにわさびを少しトッピング。つくねにチーズを少しトッピング。食べると美味しいつくねです。

では実際につくねは売れていたか？　答えはあまり売れていません。

一人当たりのつくねの出数は平均２・２本でした。この店の主力カテゴリーはつくねです。ですので、つくねの売上構成比を伸ばさないといけない。でも出ていないので売上も伸び悩んでいたのです。

美味しくて、品数もあるのになぜ？

確かにトッピングの違いで沢山の品数はあるけれど、そのトッピングの量はちょこっとのっている程度で結局どれも大きな違いのないつくねだったからです。店は品数30品と言っていても、お客様から見るとどれも大きな違いがなく、品揃えを感じなかったのです。

大きな違いのない単純な品揃えは、品が揃っていることにはならないのです。

繁華街にある人気のホルモン居酒屋のメニューはホルモンの部位が牛・豚で17種類ありま

す。部位は、他店にもあるような部位です。

その店の集客の決め手は何か？

それは美味しさのバリエーションが豊かな品揃えです。

ほとんどのホルモン居酒屋はタレ・塩の2種類です。しかし、その店はタンはタン全体に粗びき胡椒をからめて辛くし、豚ホルモンは味噌漬けで濃厚な味です。ハラミは厚切りカットし、粗塩をたっぷりかけ、鬼おろしの入ったポン酢を添えて提供します。他にもすき焼きダレ味で玉子を絡めて食べるメニューもあります。

品数が単純に多いだけではなく、美味しさのバリエーションが多いのです。

味付けが全部同じようなものだと、部位は違っても味は大きく変わりません。だから追加注文が通らない。同じような美味しさは食べ飽きるのです。

追加注文がないと、主力のホルモンの売上が伸びない。ホルモン店に来たのにホルモンを満喫できない。結果、リピーターが生まれにくくなり集客が増えないのです。

ところが、辛い、しょっぱい、甘い、食感が強い、柔らかいなど、美味しさのバリエーション＝品揃えが豊富だと、次は何を食べよう！となり、追加注文が通りはじめます。

品揃えとは、美味しさの品揃えが豊富な状態を意味します。同じような商品が何品あっても、それは品揃えではないのです。

品数は少ないが美味しさのバリエーションが豊富なメニュー

私たちのグループの顧問先の寿司居酒屋で、だり半という店は60席で月商２０００万以上売り上げる繁盛店です。

この店のメニュー構成は大きく言うと、海鮮料理（なじみ・ごちそう）と寿司（食事）の２本柱です。その海鮮料理の品数は約15～20品しかありません。

品数は同業態の他店と比較すると極端に少ないのに繁盛しています。そのポイントは、魚種の違い（貝、赤身、白身）・食感の違い（厚切り、薄切り、殻付き）・味の違い（なめろう、藁焼き、漬け刺、ポン酢）・調理法の違い（焼き、蒸し、煮つけ、天ぷら、唐揚げ）など、美味しさのバリエーションの豊富さです。

品数が少ないのは、白子なら天ぷらだけ、穴子は白焼きだけといった、１食材１調理１品を基本にしているからです。白子があったら、白子の天ぷら、白子ポン酢、白子蒸しを用意したりしません。白焼きも、3種類など用意しません。

でも美味しさのバリエーションの豊富さにお客様は品揃えを感じ「どうしよう、どれを食べよう、全部注文したい」という感覚になります。その結果、海鮮料理の1ページだけで売上の40%以上となり、生産性の高い繁盛店づくりを実現できています。

単純な「品数」の豊富さで集客はできません。「美味しさのバリエーションの豊富さ」で集客が実現できるのです。


売上ダウンの原因の1つは競合店と大きな違いがないという「同質化」です。

でも、もう1つの不振の原因は、自店の主力メニューの1品ひと品に大きな違いがなく同質化しているという自店内での「メニューの同質化現象」かもしれません。

3 手に届くぜいたくで集客力アップ

ごちそうカテゴリーで集客アップ

殻付き鮑の刺身、のど黒の炭火焼、蟹、Tボーンステーキ、うにたっぷりの濃厚生パスタ、オマール海老のソテー……食材名を聞いただけでごちそうを感じます。

「ごちそうメニューをしっかり品揃えしているお店」と、「ごちそう料理がなくなじみメニューばかりのお店」の大きな違いは、繁華街であれば金曜日の売上です。

平日は会社から駅までの途中にあるお店で食事をする傾向が強いのですが、金曜日になると、電車で数駅離れていても、目的のお店めがけて来店します。

ごちそうは目的来店客を生む集客力です。

俺のイタリアン・フレンチの集客の決め手

俺のフレンチにはロッシーニという一番商品があります。

その他にもオマール海老の一尾丸ごとローストやトリュフとフォアグラのリゾットなど、誰もが品名を聞いただけでごちそうと分かるメニューが3〜7品あります。そして、それらをメニューブックにまとめ、「スペシャリテ」というカテゴリーをつくっています。この、ごちそうカテゴリーが集客力となっています。

もし、このごちそうメニューが、メニューにバラバラに掲載されていたら集客は生まれにくかったように思います。単品では顔ができず集客力にならないからです。

ごちそう料理が集客力なのではなく、ごちそうをカテゴリー化できた店に集客力が生まれます。

九州の海鮮居酒屋は、5品のごちそう料理を用意していました。伊勢海老、毛蟹などです。それらを「ごちそうカテゴリー」に掲載していたところ、売上構成比が9％以上ありました。ところが、数年後ごちそうカテゴリーの売上が5％近くまで落ち込み、それに伴い店全体の売上も落ちてしまいました。

なぜ、ごちそうカテゴリーの売上が落ちたのか、理由はすぐに分かりました。ごちそう5品がメニューブックでバラバラに掲載されていて、カテゴリーではなく単品化してしまっていたのです。そこで、あわてて元のようにごちそうカテゴリーをつくると、ごちそう料理の売上が戻り始め、それから2か月後には金曜日の売上が伸びはじめました。

皆さんのお店でも是非、主力カテゴリーと関連のあるごちそう料理でカテゴリーづくりをしてみてください。

4 今ある商品を一番商品にする

神奈川県の県庁所在地を聞くと、ほとんどの人は横浜だと答えられます。

では、長野県はと聞くと、松本市だと答える方が多いのですが、正解は長野市です。

この分かる分からないの違いはどこからくるのでしょうか。

神奈川県は約900万の人口で、横浜市は370万人。県に占める横浜市の人口比率は41％とかなり高いです。

長野県は210万人。長野市38万人、松本市は24万人。長野市の人口比率は約18％と横浜に比べるととても低い数値です。2位の松本が11％なので大きな差はありません。

観光地などの影響もあると思いますが、これがシェアというものです。圧倒的に高いシェアのあるものが顔になるのです。

テレビドラマが高視聴率を取るには、主役の俳優さんの人気力が影響するでしょうし、ショッピングモールはテナント店の数も大事ですが、映画館など核となる施設があるかで集客力は変わります。

飲食店にも、明確な顔となる核が必要です。

飲食店の明確な顔、それは一番商品です。

・ウルフギャングステーキといえばTボーンステーキ
・俺のフレンチといえばロッシーニ
・立ち飲みのかねますといえば雲丹の牛肉巻き
・世界の山ちゃんといえば幻の手羽唐
・矢場とんといえば味噌かつ
・イタリアン酒場のナチュラといえばしらすパスタ
・パスタの名店らるきいといえばぺぺたま
・一鶴といえば骨付き鶏
・魚金といえば刺身12点盛り
・山利喜といえばもつ煮込み

その店の顔となる一番商品が核となり、その集客力はさらに強いものになります。
そんな一番商品には3つの必要条件があります。

①売れ筋商品であること
なじみのない商品はなかなか売れません。圧倒的に売れるには、誰もが知っている「なじみ商品」であることが大切です。

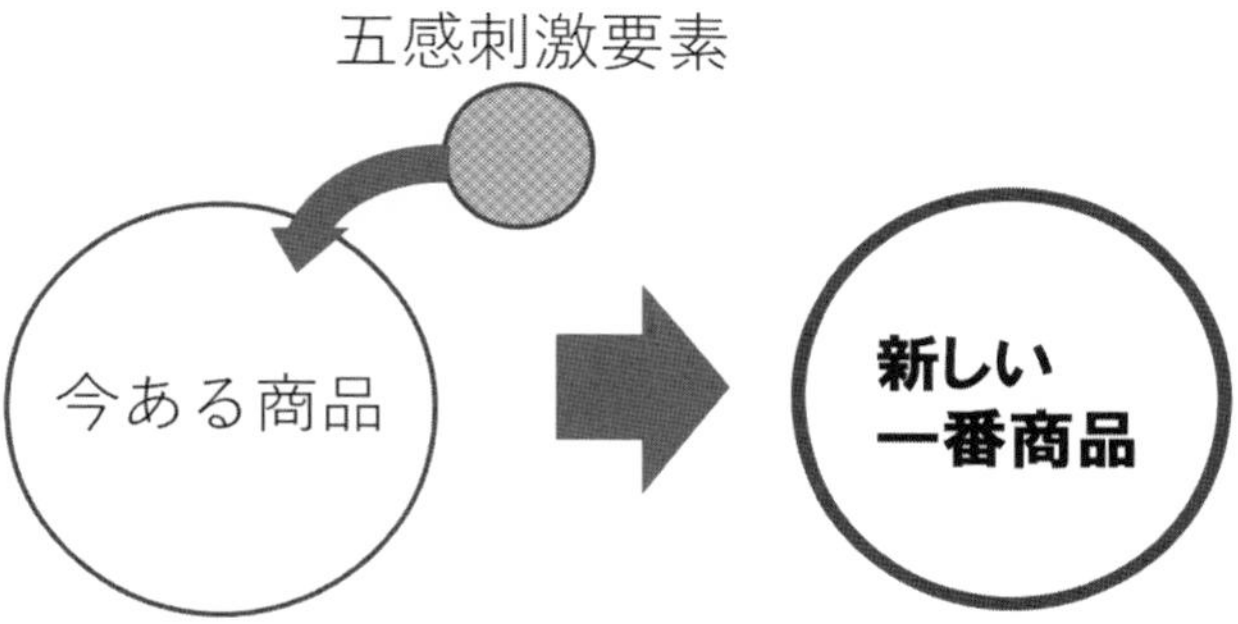

なじみ商品が一番商品に生まれ変わる

②主力カテゴリーであること

どんなに美味しくても、寿司店の一番商品がコロッケであってはいけません。お店の主力の顔と一番商品の顔に連動性があって一番商品が集客力になります。一番商品はお店の「主力カテゴリー」でなくてはいけません。

③差別化が強いこと

強烈なシズルがある。メインディッシュ的なボリューム感がある。目の前仕上げ的なできたて要素があるなど、お客様が興奮する差別化が必要です。

主力カテゴリーの中の今あるなじみ商品に、お客様が興奮する五感刺激要素を取り入れると、それが一番商品に生まれ変わります。

顧問先のとんかつ店では、厚く熱した鉄板の上にチーズをのせ、その上にとんかつをのせています。

とんかつにチーズソースをたっぷりかけた一番メニュー

そして、客席で濃厚なチーズソースをたっぷりかけてシズリング。さらにその上にデミソースをかけるWソースで提供しています。強烈なシズリング、とんかつより主役感をを感じさせるたっぷりのチーズ、Wソースで味の濃厚化、五感刺激要素をとんかつに導入したのです。

これを食べに遠方からわざわざお客様がご来店されています。

5 集客できる価格設定法

予算の分かりやすさで集客する

お客様は飲食店を選ぶ時、何屋に行くかという業態をまずは選びます。そして、それと同時にもう１つ決めるのが、今日は一人１０００円で抑えたい、家族４名で１万円で済ませたい、とても大切な日なので一人予算１万円！という、その日その時の「予算」でお店を決定します。

一番予算の分かりやすい業態は、食べ放題のお店です。予算の不安から解放されたお客様は、ストレスを感じることなく追加注文をし、食事を楽しめます。

次に分かりやすいのが、均一価格のお店です。予算の分かりやすさは間違いなく集客力です。

中心価格の法則

以前、仮説をもとに多くの顧問先で検証したところ法則を発見しました。

●居酒屋　客単価≒中心価格×６
●焼肉店　客単価≒正肉の中心価格×５

●寿司店　客単価≒寿司1貫の中心価格×20
●焼鳥店　客単価≒焼鳥1本の中心価格×20
●定食屋　客単価≒定食中心価格×1・1
という数式です。

中心価格とは、お店のメニューの中で一番品数の多い価格帯です。

この計算式は、スタッフのサービス力や売場づくりでなどに左右されるのですべての店舗で当てはまらない場合もありますが、基本は今でもこの式が成立しています。

ここでの6倍、20倍という数字は重要ではありません。

お伝えしたいのは、中心価格が分かりやすければ分かりやすいほど客単価が安定するという事実です。

次ページの表をご覧ください。

この表は横軸が価格帯、縦軸がメニューのアイテム数となっており、プライス（P）とアイテム数（I）の表なのでPI表と呼んでいます。

そこに自店メニューをそれぞれプロットして折れ線グラフにしてみます。

一番尖っている（品数の多い）ところが中心価格帯です。

その時、もしも次ページの表のように台形に近い形になっていたら要注意です。

中心価格が不明確なお店は、ある時行ったら3000円だった、別の日行ったら2000円、

ＰＩ分析

	店舗比較	100円	140円	180円	220円	300円	400円	500円	670円	800円	1000円	1400円	1800円	2200円	3000円	3000円～	
■	①A(i)全品(i)			10	17○	23◎	23◎	6	3								82
	構成比(%)			12.2%	20.7%	28.0%	28.0%	7.3%	3.7%								
×	②B(i)寿司のみ(i)																0
	構成比(%)																
○	③C(i)寿司以外(i)																0
	構成比(%)																
△																	
◇																	

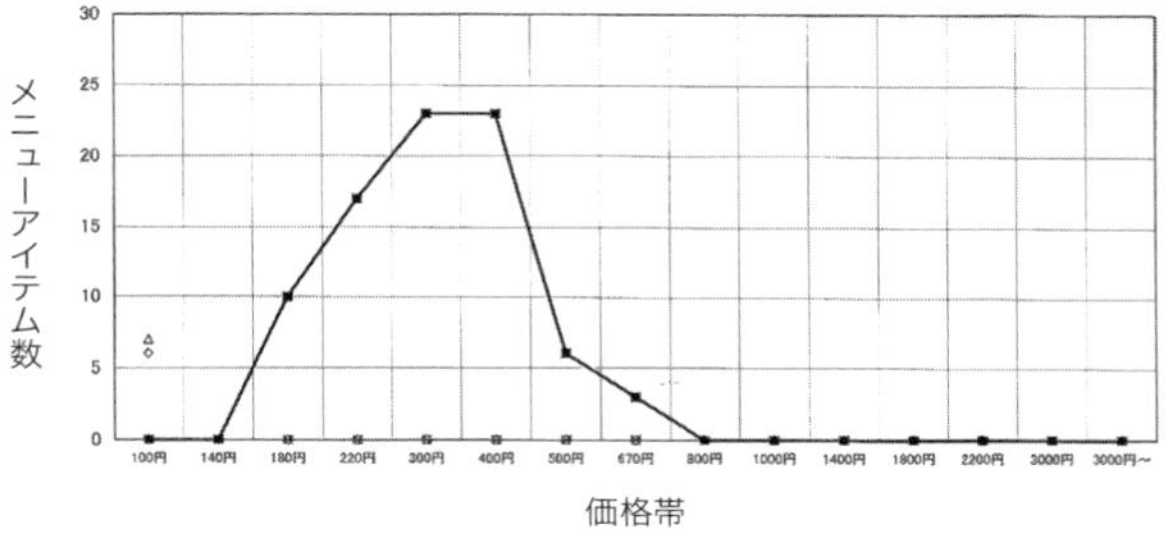

価格帯別アイテム数表

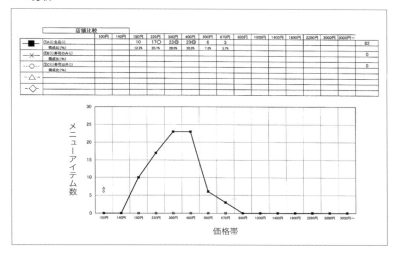

	店舗比較	100円	140円	180円	220円	300円	400円	500円	670円	800円	1000円	1400円	1800円	2200円	3000円	3000円～	
■	①A(i)全品(i)			10	17○	23◎	12△	6	3								71
	構成比(%)			14.1%	23.9%	32.4%	16.9%	8.5%	4.2%								
×	②B(i)寿司のみ(i)																0
	構成比(%)																
○	③C(i)寿司以外(i)																0
	構成比(%)																
△																	
◇																	

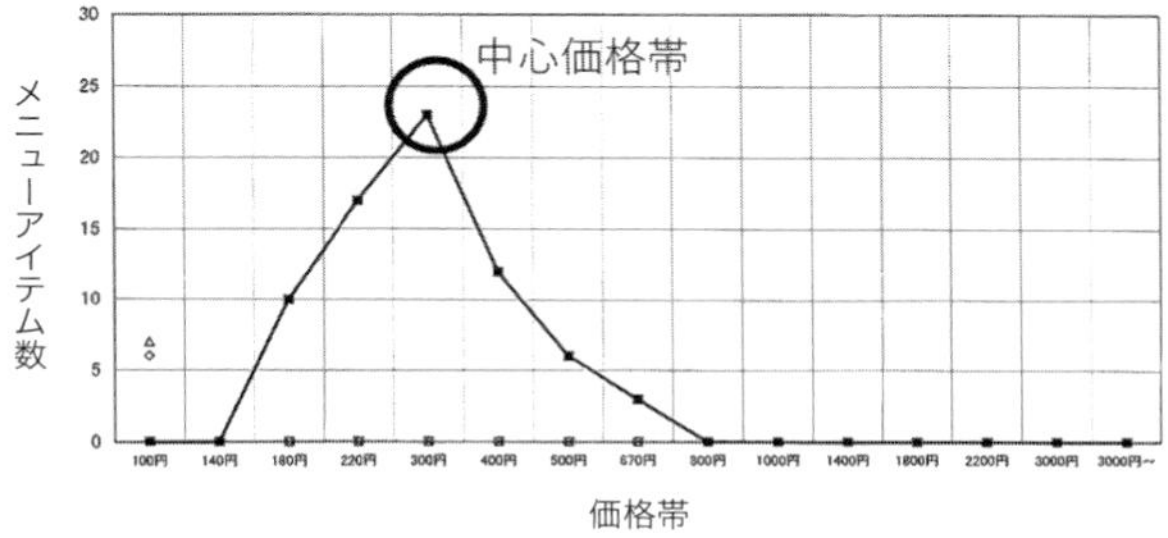

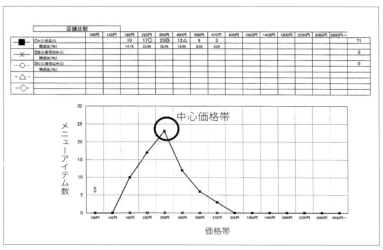

また次に行った時は３８００円だった、という具合に利用の度に支払額が大きくぶれる傾向があります。

お客様からすると、あの店はいくらかかるか分からないとなってしまい、リピーターが減ってしまう傾向が発生します。

中心価格帯が客単価を決定する、と考えると、中心価格帯に品数が集中すればするほど、客単価は安定し、メニューブックを見た時も予算が分かりやすくなるので注文の不安も払拭され集客は強くなります。

食べ放題の店、均一の店がこの表をつくったらどうなるか。中心価格に１００％の品揃えがあることになります。

〝安い〟から集客するのではなく〝予算が分かりやすい〟から集客するのです。

少し表現を変えると、安い・高いの問題ではなく、予算の分かりやすさで集客力を高めることができるのです。

業態にもよりますが、中心価格帯に全メニューの60％の品揃えを集中させると予算が分かりやすくなり集客力が高まる傾向があります。

価格戦略の注意点

多くのお店では新商品の価格を決める時、原価をもとに値決めすることが多いと思います。でも、原価だけを元に値決めすると、中心価格が不明確になり、どんなに素晴らしい新メニューがあったとしても予算の乱れから集客が思ったように伸びないことがあります。

商品開発、メニューのリニューアルをする際は、どの価格帯にいくつのアイテムを品揃えするといった具合に、価格帯別アイテム数を決め、それに合った商品開発をすすめていくのが良いでしょう。

また、熱心に常連様の声に耳を傾けすぎるお店も要注意です。

常連様ほど、お店にリクエストをしてきます。鮪ではなく大間の本鮪が食べたい、オーストラリアの肉ではなくＡ５和牛が食べたい、もっと希少価値のあるワインが欲しい……など。その声に耳を傾け、商品化することを繰り返した結果、中心価格がぼやけたり、メニューブックで高額商品が目立つようになります。

すると新規のお客様がメニューブックを開いた時、この店は高い！という第一印象になり、予算の不安から、注文を控えてしまいます。食べたい商品を注文せず、金額ばかりを気にしてしまいます。差別化メニューも注文されることなく、追加注文もせず、おなかも満たされることなくお会計となるので、リピーター化するわけがありません。

来店してくれた新規客が再来店しないので、気がつけば店内は昔からいる常連様ばかり。お店とお客様が一緒に歳をとっていく……なんてことになりかねません。

値決めは経営です。価格と品数には1つの目安をつくるべきです。

300円帯に3品、400円帯に9品、500円帯に2品など、価格帯ごとの品数をあらかじめ決めて、そこに当てはまるような商品開発をする取組みが価格戦略です。

売れるごちそうメニューの価格設定

先に説明した、ごちそうメニューの価格にも1つの目安があります。

ごちそうメニューは、単なるごちそうではなく、手の届くごちそうの時に注文が通ります。「手に届く」というのは少し高いけど注文できる価格、という意味です。また、ごちそうは小皿提供では集客力になりません。提供時の印象が弱いからです。みんなで取り分けるような大皿料理である必要があります。

その価格設定の目安は、

ごちそう売れ筋価格＝中心価格×1・3〜1・5×2〜3

です。

中心価格が800円のお店であれば

最安値800円×1・3×2＝2080円

最高値800円×1・5×3＝3600円

つまり、2000〜3600円がごちそうの売れ筋価格となります。

ごちそうメニューを商品化したお店では、ごちそうメニューだけでPー表をつくり、ごちそうメニューカテゴリーにも中心価格をつくるとさらに出数が伸びます。

原価率はデコボコ化

それでは原価が合わない！と声が聞こえてきそうですが、このごちそうカテゴリーは目的来店客をつくる目玉商品と割り切って、顧問先では高原価で商品化して頂いています。

たとえば、中心価格帯が500円、原価率は35％設定の居酒屋があるとします。

中心価格帯500円の商品は、原価率35％で175円、利益率65％で325円。

1品売れば325円の利益となります。

ごちそうメニューの売価は、

500円×1・3×2＝1300円

となります。

ごちそうメニューもお店の基準通り原価35％で考えると、原価率35％で455円、利益率65％で845円となります。

原価455円でお客様をごちそう感で強烈に興奮させるような商品は現実的になかなかでき

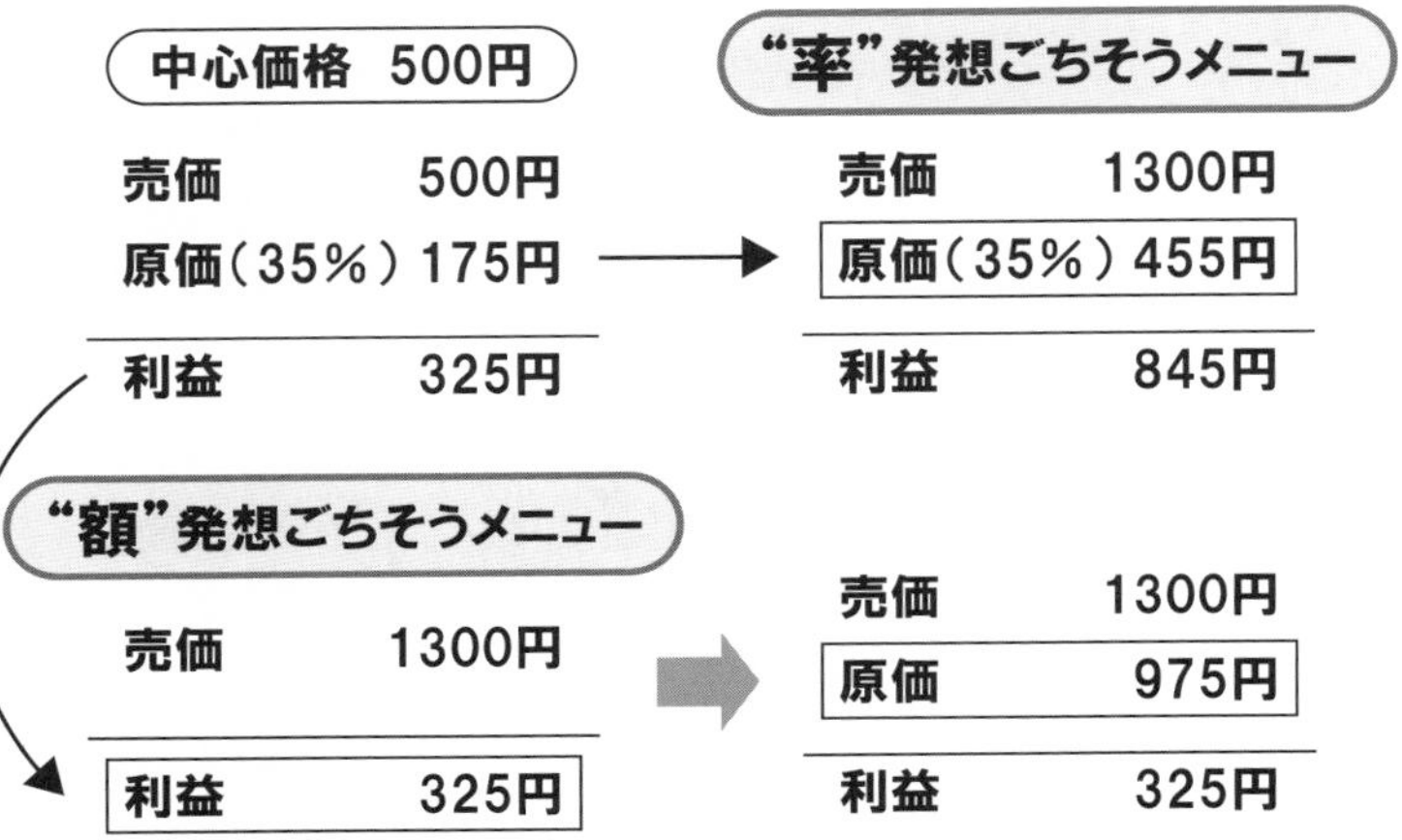

減価率と利益額、デコボコ発想に

ません。

そこで、このように考えて頂きたいのです。

ごちそうメニューは集客のための戦略商品。だから、利益率ではなく利益額で考えよう。

率ではなく、額の発想です。

中心価格帯である５００円の商品は１皿で３２５円利益がある。ごちそうメニューも同様に１皿３２５円の利益があれば良いのだと。

すると、ごちそうメニューにかけられる原価額は、

売価１３００円—利益額３２５円＝原価額９７５円

９７５円の原価額となります。原価１７５円の品揃えが多いお店が原価９７５円のごちそうメニューを出す。原価差５倍以上です。

これくらい原価をかけることができると、集客力のある商品ができるはずです。

飲食業界は成長の時代ではなく、競合が多く激しい生き残りを争う時代です。粗利ミックスの発想で、原価率をデコボコにしないと、差別化と集客力は生まれにくいのが現実です。

価格帯の幅も絞り込む

もう１つ予算を分かりやすくする方法があります。それは価格帯の幅を絞り込むことです。関東の串揚げ居酒屋では、売上分析や競合対策などを考慮した結果、値上げと品数の絞込みに踏み切りました。

ただし、主力カテゴリーである串揚げの価格帯の幅を６つから４つに減らし、中心価格帯の品数構成比を36％から60％に増やしました。

また、串揚げ以外のメニューのＰＩ表も台形型だったので、中心価格のある山形になるように価格変更もしました。

品数は絞り、値上げもしましたが、予算の分かりやすさは強化したのです。

値上げと品数の絞込みをしたにも関わらず、予算を明確にしたことで串揚げの売上も出数も伸び、じわじわ客数も増え続け、１年後には売上が１１２％になりました。

当然予算を明確にしたことだけが売上アップの理由ではありませんが、少なからず集客アップの１要因になっているはずです。

価格帯別アイテム数表

	店舗比較	100円	140円	180円	220円	300円	400円	500円	670円	800円	1000円	1400円	1800円	2200円	3000円	3000円～	
―■―	①A(i)全品(i)			10	17○	23◎	12△	6	3								71
	構成比(%)			14.1%	23.9%	32.4%	16.9%	8.5%	4.2%								
―×―	②B(i)寿司のみ(i)																0
	構成比(%)																
--○--	③C(i)寿司以外(i)																0
	構成比(%)																
-·△·-																	
-◇-																	

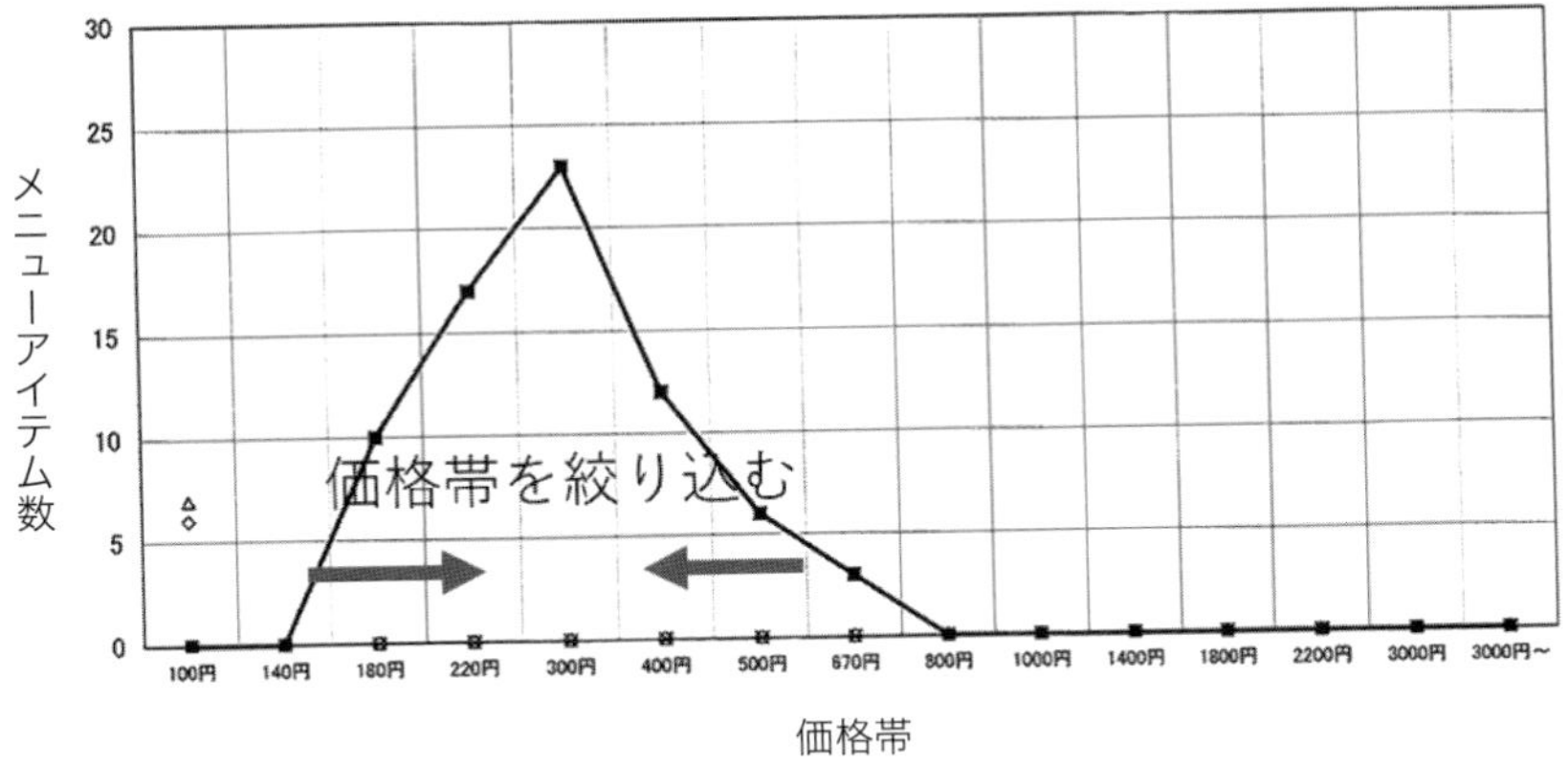

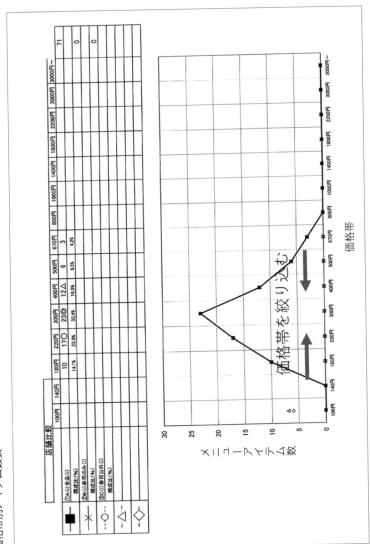

6 グループユースで客層を広げる

あらゆる商品・サービスはパーソナル化する

高度成長期、多くの家庭にオーディオセットが普及し、それを家族で聴くという習慣が各家庭にありました。

その後、低価格化がすすみ、一部屋ごとに一台ミニコンポが置かれ、部屋で一人で聴くようになりました。

そして、初代ウォークマンが登場し、今ではスマートフォンで一人ひとりが好きな音楽を楽しんでいます。

みんなで楽しむグループユース商品は、市場が成熟してくると一人で楽しむというパーソナルユース化していくのが大きな流れです。

私たち飲食店も同じで、市場の成熟と共にパーソナルユース化していきます。

円卓で楽しんでいた中華料理が中華定食になり、大人数での忘新年会はなくなりそうな勢いです。居酒屋はカウンターで一人で飲むようになり、焼肉も一人焼肉。これはパーソナルユース化という必然的な大きな流れです。
ところが、この大きな流れと正反対のグループユース化というマーケットもあります。

飲食店のパーソナルユース・グループユース

居酒屋もパーソナル業態化がすすみ、一人でも気軽に入れるようにとカウンター席中心の低価格業態が増えました。

低価格にした結果、商品は小鉢・タパス化しています。そのようなお店の売上データを見ると、料理性が弱くなり、アルコール売上構成比が60％を超えているようなところもありました。複数店舗を調べたところ、アルコールの売上構成比が50％以上を超えると、客数も客単価も減少傾向にあることが分かりました。

料理が小皿化・小鉢化・タパス化し、お値打ちを感じないものになると、お客様は注文したい料理がなくなるのでアルコール構成比が伸びます。

ビール、ハイボールなどは隣のお店でも出しているので結論は立地が圧倒的に良い店、価格の安い店、カウンター越しに個別対応感のある接客ができている店だけが勝ち残る。それ以外の店はコンビニと競合し、客単価と客数がダウンし、とても苦しい経営を余儀なくされることになります。

グループ客のためのメニュー

顧問先のとある1店舗の売上が落ち続けていました。

原因の1つにオープン当初、一組当たり人数が3・3人だったのが2・2人にまで落ち込んでいることが分かりました。席効率の悪化です。

その対策として、会社帰りのグループ客を獲得することを目的に「みんなでわいわい大皿料理」というメニューを7品つくって、それを1枚のメニューブックにしてもらいました。

当初はオペレーションや在庫管理などを意識し、グランドメニューにある料理の2～3人盛りをつくり、少しお得になる価格設定にしたのです。

すると、その商品がじわじわと出数を伸ばし始めました。

小皿とは違い2～3人盛りです。提供時に「おお！」という声も聞こえてきました。

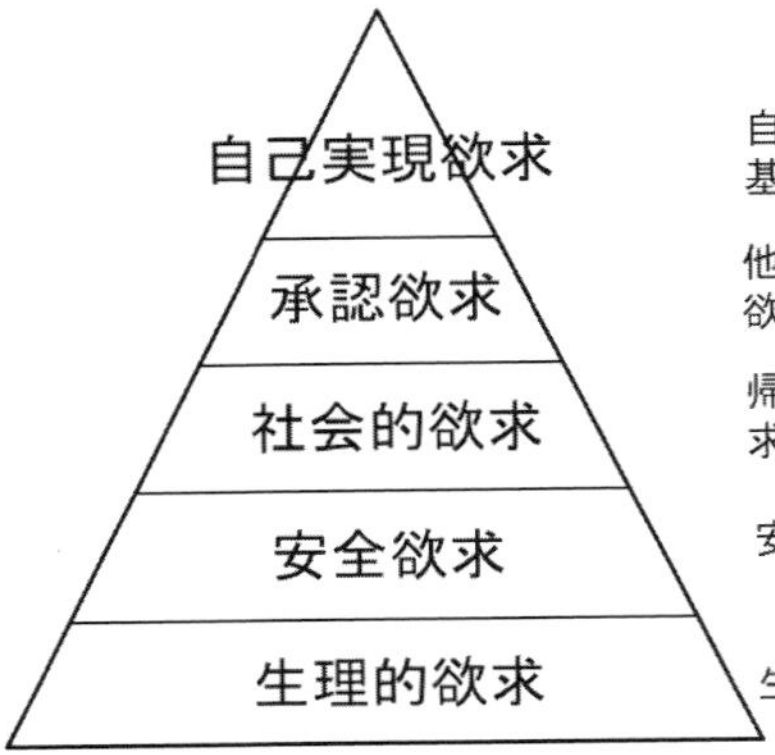

自分の世界観、人生観、価値観に基づいてあるべき自分になりたい。

他者から尊敬されたい、認められたい欲求。出世欲もその1つ。

帰属の欲求。集団への帰属や愛情を求める欲求。

安心や安全の欲求。衛生面など。

生きる為の本能的欲求。食欲や睡眠欲。

マズローの欲求５段階説

そして、大皿料理7品のうち2~3品のメニューを月に1回変化させたり、鉄板の上で具だくさんのソースをかける海鮮五目焼きそばなどのシズリング商品も導入したりしながら1年展開した結果、大皿の売上構成比が11%近くになり、一組当たり人数は2・2から3・2人に増え、会社帰りのお客様だけでなく土日は家族客までも増えたのです。

集団欲

動物には3大欲求があります。食欲・性欲・睡眠欲です。ところが、これ以外に人間が持つ欲求の中で最も高い本能的欲求があるそうです。

それは、集団欲です。

いじめにあえば引きこもりになるし、仮に村八分にあえば耐えられず引っ越しを考えます。

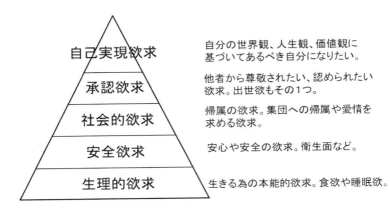

人には、私には仲間がいる、所属する自分の場所がある、という欲求が必要なのです。これはマズローの欲求でいう「社会的欲求」です。（前ページ図表）

その欲求を満たす一番身近で最も効果的な場所こそが飲食店だと思います。

誕生日だからディズニーランドに行く人より、誕生日だから外食しようという人の方がはるかに多いと思うのです。

主流はパーソナルユース化です。でも、グループユース化という取組みを挑戦したお店は、グループ客の獲得に成功しています。

取り分けメニュー３つのポイント

グループユース客を獲得する取り分けメニューには、大きく３つのポイントがあります。

①遠慮なく無礼講

イタリアンにはピザ、海鮮居酒屋には刺身盛り、という取り分けメニューがありますが、どちらも少しインパクトに欠けるようです。

理由は、そこに遠慮が生じるからです。

３人客に８カットされたピザ。一人が残念な思いをします。最後まで大トロが１切れ残った刺盛りはよくみる風景です。

BEFORE

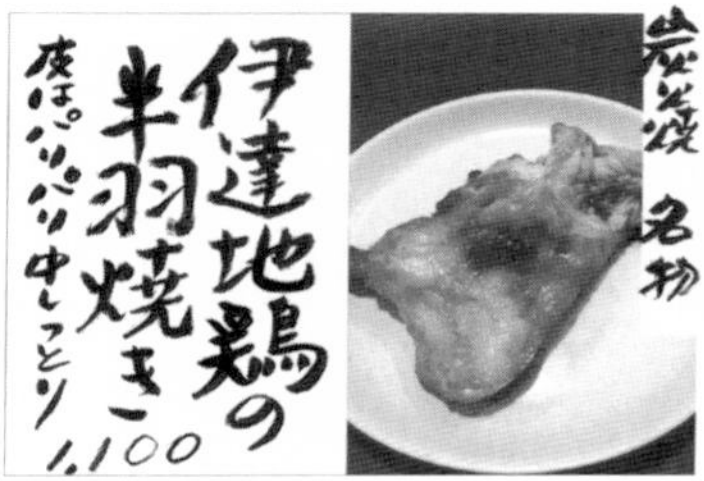

半羽の写真
↓
パーソナルユース

AFTER

半羽をカットした写真
↓
グループユース

メニュー写真を“取り分け用”に変更

そう考えると、海老チリや海鮮焼きそばなどの、量はあるけど区切りがない商品がベストです。

②主力カテゴリーと関連性がある

寿司店がピザと焼きそばと500gのステーキを展開しても集客にはつながりにくいです。

あくまで自店の主力カテゴリーなど、その店らしい商品でお願いします。

③カット済

東北のお店では取り分けメニューの名物料理をつくろうと、鶏の半羽揚げをメニュー化しました。

ところが、あまり注文されません。味の問題・提供スピード・おすすめが弱い、価格が高いなどさまざまなことが考えられましたが、その理由は意外なものでした。

メニューブックの写真の鶏が半羽の状態だっ

取り分けメニュー例

たのです。見た目が、一人で食べるパーソナル商品だったのです。これは一人で食べるには大きすぎる。だから注文しない。

そこで、メニューブックの写真を、鶏がカットされたものに変更しました。すると驚いたことにその日から出数が伸び始めたのです。

Tボーンステーキもカットされているからグループ利用されます。

カットされていなかったら、一人で食べるには多すぎるし、誰かが取り分けないといけないので面倒だ。注文はやめよう。と、出数が伸び悩みます。

顧問先ではTボーンステーキはカット済で提供し、最初の一切れだけ、一人一人の取り皿に取り分けるというサービスをしています。

取り分けのセルフ化は単純に手間です。特に

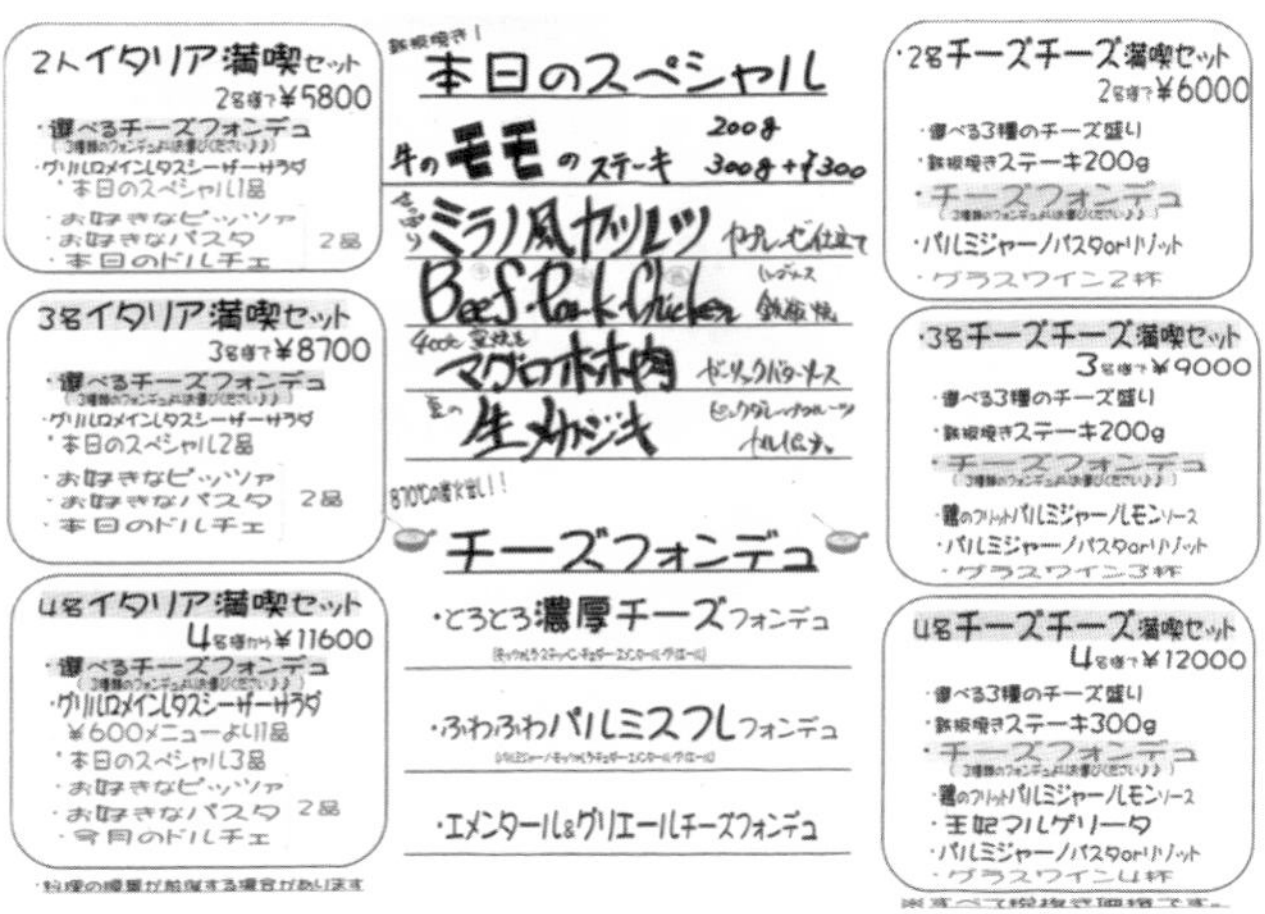

グループ用のセットメニュー

男性はこのセルフを敬遠します。生フルーツサワーのフルーツを絞る行為ですら「絞って持ってきて」と言います。

また、切り分ける行為自体に遠慮も発生します。焼肉はセルフ文化が当り前として浸透していますが、それ以外はなかなか難しい一面があるようです。

グループメニューは集客力

私たちの顧問先に横浜にあるチーズカフェというイタリアンがあります。

人気の繁盛店ですが、お店の売上の70%以上のお客様が注文されるのがグループメニューです。

多くのお店には一人前のセット料理がありますが、それは自分一人で食べるパーソナルユース商品です。

グループメニューとは二人前・三人前・四人前で各〇〇円、というグループ用のセットメニューです。

このグループメニューには2つのメリットがあります。

①大皿料理を提供できる

一人前セットだと、すべての料理が一人前の量となるので、大皿のように提供時にお客様を興奮させることは困難です。

ところがグループメニューだと、取り分けの大皿料理が出せるので、お客様を興奮させることができます。

②予算が明確になる

お客様は予算を気にしています。特に女性は予算意識が高い傾向にあります。

怒られるかもしれませんが、「女性は電卓をたたきながら注文をするくらい予算の意識をしている」と考えて売り方を工夫することが大切です。

その時、このグループメニューだと予算が明確なので注文の安心感が生まれます。

7　半コースでカジュアル化

顧問先の焼鳥店での事例です。

この店は予約なしで当日ご来店されるフリー客数も多い繁盛店です。

そんな繁盛店で1つのコースを導入しました。

フルコースだと価格も高くなるのでなかなか注文してもらえない。もっとカジュアルに気軽に注文できるコースをつくろうと焼鳥の半コースを導入したのです。

目的①　主力カテゴリーの焼鳥の出数を増やすため

焼鳥店は主力カテゴリーである焼鳥の売上構成比を伸ばすことが最重要です。

焼鳥または串ものの出数を伸ばすために半コースを導入しました。内容は当然、焼鳥と串ものだけです。

目的②　差別化商品の出数を増やすため

差別化商品は食べれば差別点が伝わりリピートにつながる商品ですが、問題はなじみが少な

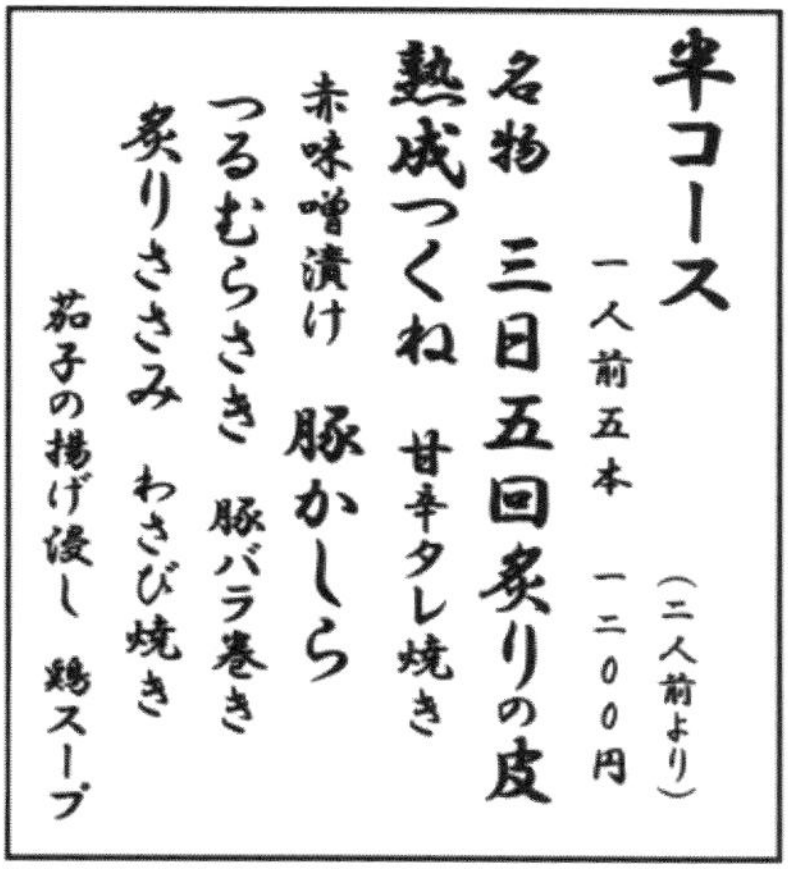

焼き鳥伝兵衛の半コースメニュー

いのでなかなか注文してもらえません。
でも、コースの中に入れることで強制的に食べてもらえます。

1品目　「三日五回炙りの皮串」
この店の一番商品です。一番商品は来店されたお客様全員に体験してもらうことがリピーター化のためにも大切です。仕込みは大変ですが、すでに焼きあがっている商品を再加熱するだけなので提供スピードも速いため1本目に設定しました。

2品目　「熟成つくね甘辛タレ焼」
つくねではなく熟成つくねで、差別化商品です。しかもタレは甘辛の定番とは違う、印象に残る味付けになっています。

3品目　「赤味噌漬け豚かしら」
タレではなく、赤味噌に漬け込んだ豚串です。差別化商品ですが、なじみがないため単品では出にくい商品です。
4品目「つるむらさき豚バラ巻き」
旬・鮮度を伝えるための商品です。
5品目「炙りささみわさび焼き」
鮮度を伝えるための商品。わさびをたっぷりのせて、味を強くしています。

このように、なじみ商品を売るためではなく差別化を売るための半コースなのです。

目的③ オペレーション改善のため

この店は120席ある繁盛店です。ピーク時には炭場がまわらなく提供が遅れてしまうこともあります。

この半コースは焼鳥盛合せと提供方法が違います。盛合せは5本を1皿に盛り付けてまとめて提供するので、1つでも焼き上がり時間のかかる串があると、提供が遅れたり、先に焼き上がった数本が冷めてしまうことが起こります。

半コースは名の通りコースです。焼きあがった串を順番に提供します。

たとえば、3名客の場合、そのうちの一人だけが半コースをご注文することはめったに起こりません。3名のお客様から全員半コースを注文頂いたら、まずは皮串を3本提供、次につくね、次に……という、焼き上がった串から順番に出していくのでメイン厨房の炭場で提供が滞ることがグンと減りました。ボトルネックが改善されるのです。

フルではなく半なので、価格も量もカジュアルです。注文したことのない方でも注文しやすい内容です。

そして注文した方は差別化の実感をするので、再来店した時にも、また半コースを注文してくれます。安いから・選ぶのが手間だから「とりあえず半コース」ではなく、「まずはもちろん半コース」という積極注文なのです。

この店では半コースを初めてわずか半年ほどですが、その出数はフリー客数の62％になっています。

この店の社員の方からこんな言葉がありました。「今までで月２０００万売り上げるのに、こんなにオペレーションが楽だったのは初めてです」

関西の居酒屋では、半コースとグループユース客の獲得を掛け合わせて、大皿半コースを取り組みました。

串カツ30本、寿司30貫、５００gステーキの大皿半コースです。

この商品は売上構成比で15％近くまで伸び、客数アップができ、１組当りの客数も増え席効率アップも実現しました。

8 第一印象商品で興奮させる

ハロー効果と初頭効果

東大卒業生なら人間性もきっとすばらしいはずだ。

美男美女は性格もいい。

もしそう感じたら、心理学でいう「ハロー効果」が働いているからかもしれません。

ハロー効果とは、1つ突出していい所があると、それ以外のすべても良く見えてしまう人の心理効果です。その逆は、坊主憎けりゃ袈裟《けさ》まで憎いということです。

私たち飲食店もまったく同じだと思います。

1品びっくりするくらい美味しい料理、シズリングのような興奮する料理、目の前仕上げでできたてを強烈に感じさせる料理があると、他の料理もおいしく感じます。

しかも、その料理が1品目の第一印象だと、その効果は大きなものがあります。心理学用語で初頭効果と呼ばれるものです。

そう考えると、最初の1品はとても大切です。

居酒屋ではお通しが料理の第一印象です。このお通しがイマイチであれば、その瞬間からお客様は確実に注文控えをします。

イタリアンのコースの1品目であるアンティパストが小鉢や冷めきった料理などで美味しさの実感ができないと、その後の料理も美味しくないと感じてしまいます。

コースや宴会の1品目がつまらない物であれば、その日の食事は盛り上がりに欠けるものになるかもしれません。

最初の1品目「お通し」で興奮させろ！

お客様を最初の1品目で興奮させることができれば、そのお客様の満足度は高まり、リピート率は高くなります。

客単価５０００円の焼鳥店では、ささみの刺身の上にうに、いくら、からすみをのせた商品をお通しで提供したところ、それが評判となり、客数が増えました。

寿司店の宴会では寿司を合計7貫出す事にしたのですが、1品目に7貫のうちの2貫を出すことにしました。

しかも、タコやかっぱ巻きではなく、うにといくらです。その宴会はとても高評価でした。

海鮮居酒屋では、年末年始の宴会の1品目は蟹身のほぐしを一人1杯提供したところ、３・４月の歓送迎会の予約が増え、最高月商を記録しました。宴会のリピーターが増えたのです。

イタリアンバルのお通し提供の様子

人気の高級寿司でおまかせを注文すると1貫目は大トロです。いきなりごちそうです。

イタリアンバルではお通しにパルメジャーノチーズのブロックをお客様の目の前でカットして提供しています。

焼鳥店のお通しは、濃厚なもつ煮込みをシズリング提供しています。

海鮮居酒屋のお通しは、帆立の稚貝の酒蒸しを土鍋で提供しています。個食ではなく一皿に人数分まとめて大皿での提供です。土鍋の本物感・殻付きによる鮮度感・温度があるできたて感、そして大皿による取り分けメニュー化で、みんなでワイワイできる雰囲気を第一印象で伝えるためです。

1品目として提供するメニューには3つのパターンがあります。

①温度のあるもの

３種盛りのお通しだとしたら、１品だけ温度があるものにするだけで、３種盛り全体にできたてを感じてもらえます。

②シズリング提供や目の前仕上げ

③主力カテゴリーの関連性あるごちそう

これら3パターンのいずれかがでると、お客様の中に、このお店は素晴らしいという初頭効果が生まれます。

ファーストオーダーで勝負

関東の海鮮居酒屋では、スピード提供は現実的に難しいのですが、第一印象の特化のために、ごちそう料理ののど黒煮つけ２４９０円をファーストオーダーでご注文頂き、できるだけ早く提供することにしました。

問題の1つが、どうやってファーストオーダーで高額商品の注文をとるかということです。

そこで、テクニック的な内容になってしまいますが、価格２４９０円から、ファーストオーダー限定価格１９９０円としたのです。

今まで1日1個多くて2個の出数でしたが、取組み後は多い時10食以上、平均でも5食は出るようになっています。

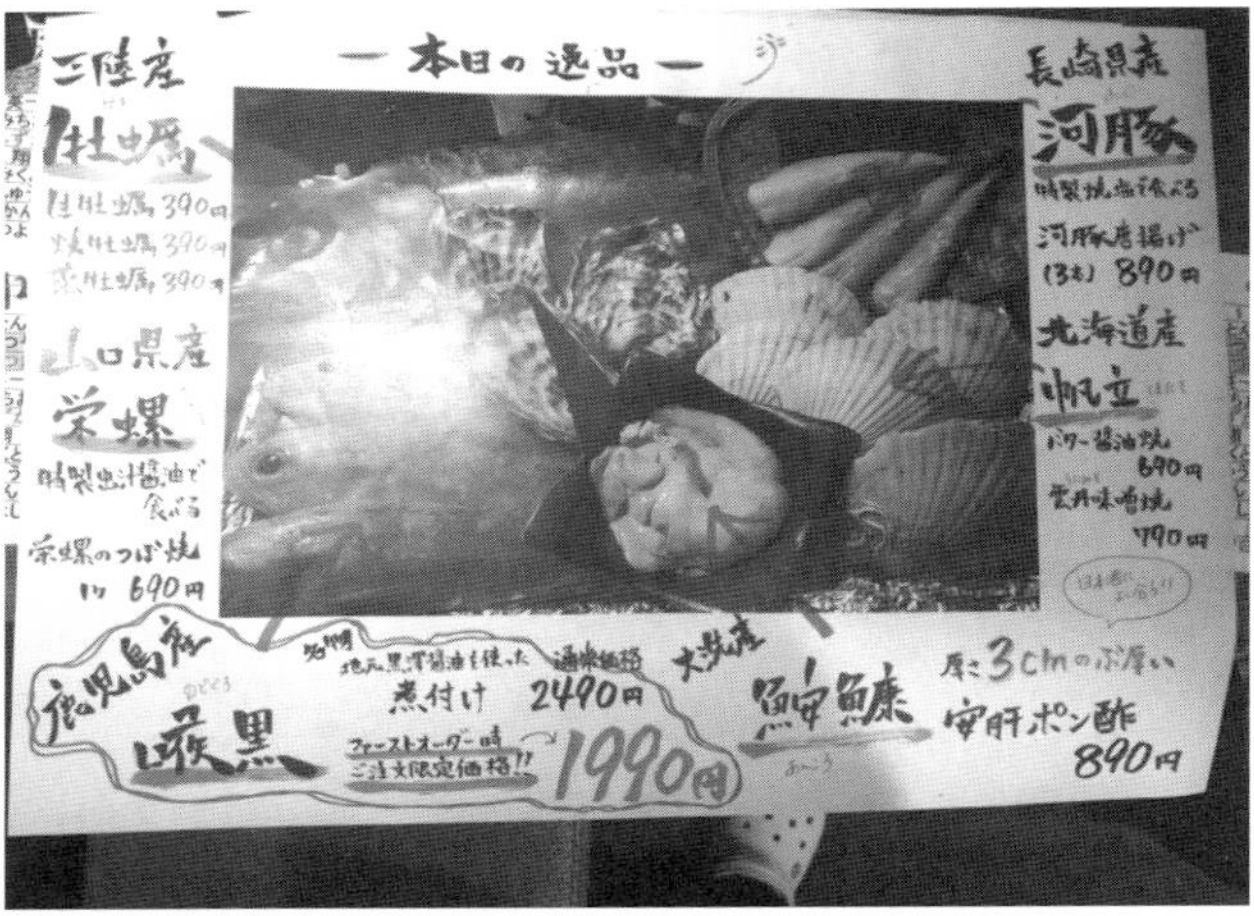

ごちそう料理をファーストオーダー限定で安くする

そして、お客様の追加注文も増え、当初3800円だった客単価が今では4800円にまで伸び、客数も増えています。

第一印象で満足した結果、他の料理の期待も高まり、追加注文が増えたのです。

顧問先の肉バルでは、同様に肉寿司でファーストオーダー限定価格を設定しました。

その肉寿司は、面積の大きな肉でボリューム感もあり、お客様の間の前で炙ります。

差別化の体験は、第一印象で行うことが大切です。

焼肉の食べ放題を展開している会社があります。

その店の食べ放題で気になったのが、オペレーションの都合ですべての肉が1皿一人前で提供されていて、肉は美味しいのですがお客様の

最初に上質肉
逸品盛りを。
オーダーバイキングを
お選びのお客さまには
ファーストオーダーのみ
オーダーバイキングメニューに
掲載されていない
上質肉４種類を
盛り合わせた逸品を
オーダーできます。
なお、一人１人前まで。
２人前より承ります。
厚切りステーキ（たれ）
ロース
厚切り上タン塩
銘柄和牛 外バラ
※写真は4人前です。
※仕入れの状況によって内容が変わる場合がございます。
1人前 980円

ファーストオーダー限定の盛り合わせ

興奮要素が少ないことでした。

そこで、ファーストオーダー限定盛りという商品を１種だけつくってもらい、最初の１品目だけ盛り付けをしっかりした焼肉盛合せを出すようにしたのです。

不思議なことに、それを注文されたお客様からお肉がおいしくなったと言われ始めましたが、もちろん肉は変えていません。盛り合せというボリューム感に興奮したのです。

いくつかの顧問先でこの手法を実施してもらっていますが、多い店では注文率が組数当たり70％を超えて、競合対策にもなっています。

第一印象で差別化商品を提供し、お客様を興奮させる工夫と取組みを是非ご検討ください。

9 メニューブックで変身しよう

バケツに水を貯めようとした時、どんなに勢いよく水を入れても穴が開いていたら溜まりません。水を溜めるには、さらに勢いよく水を入れるのではなく、穴をふさぐのが最善策。これはまぎれもない真実です。

売上を伸ばそうとなると、新規客を獲得する販促策を考えますが、効果的な売上アップの方法は、新規客の獲得ではなく常連様の離脱の防止です。

新規客の獲得にコストと力を注ぐのではなく、常連様の離脱防止、再来店化に力を注ぐべきです。

では、どうすれば離脱防止・再来店化ができるのか？　ＳＮＳの活用、ポイントカード、ＤＭなどさまざまな方法が考えられますが、最も重要なのは、お客様に、この店にまた来たいと感じるような満足を超えた興奮をしてもらうことです。

再来店の決め手は、販促のような飛び道具ではなく、今日お店のテーブル上で決定するものだと思います。

では、どうしたら満足だけでなく、興奮してもらえるのか。

それは、お店の一番商品やお客様に対して主張の強い差別化商品の出数を伸ばすことです。主張の強い商品とは、強烈に味の濃厚な商品、ボリュームある商品です。具だくさんな海鮮たっぷりのモチモチ食感のあんかけ焼きそば、目の前でつくるスピニングボウルサラダなどヘビーユーザー客がライトユーザー化するような商品です。

それらの商品の出数を伸ばせば再来店化が実現できます。

売るべき商品の出数を伸ばすツールの1つがメニューブックです。

訴求強化①主力カテゴリー独立の法則

顧問先の焼鳥居酒屋でのできごとです。オープン月商は400万円でしたが、その後目標を達成できない月の連続でした。

売上を見てみると主力カテゴリーの焼鳥売上構成比が11%と低いのです。メニューブックを見ると、焼鳥が他のメニューに埋もれて主張が弱かったのです。

そこで、この店では1枚だったフードのメニューを2分割しました。1枚は焼鳥だけ。もう1枚がそれ以外。そして焼鳥ページを上にしてテーブルにセットするようにしました。当然、焼鳥メニューが目立ちます。

その結果、焼鳥の売上が伸び続け、11%だった構成比が21%になり、月商は800万円というオープン初月の2倍を売上げています。

主力カテゴリーの独立化

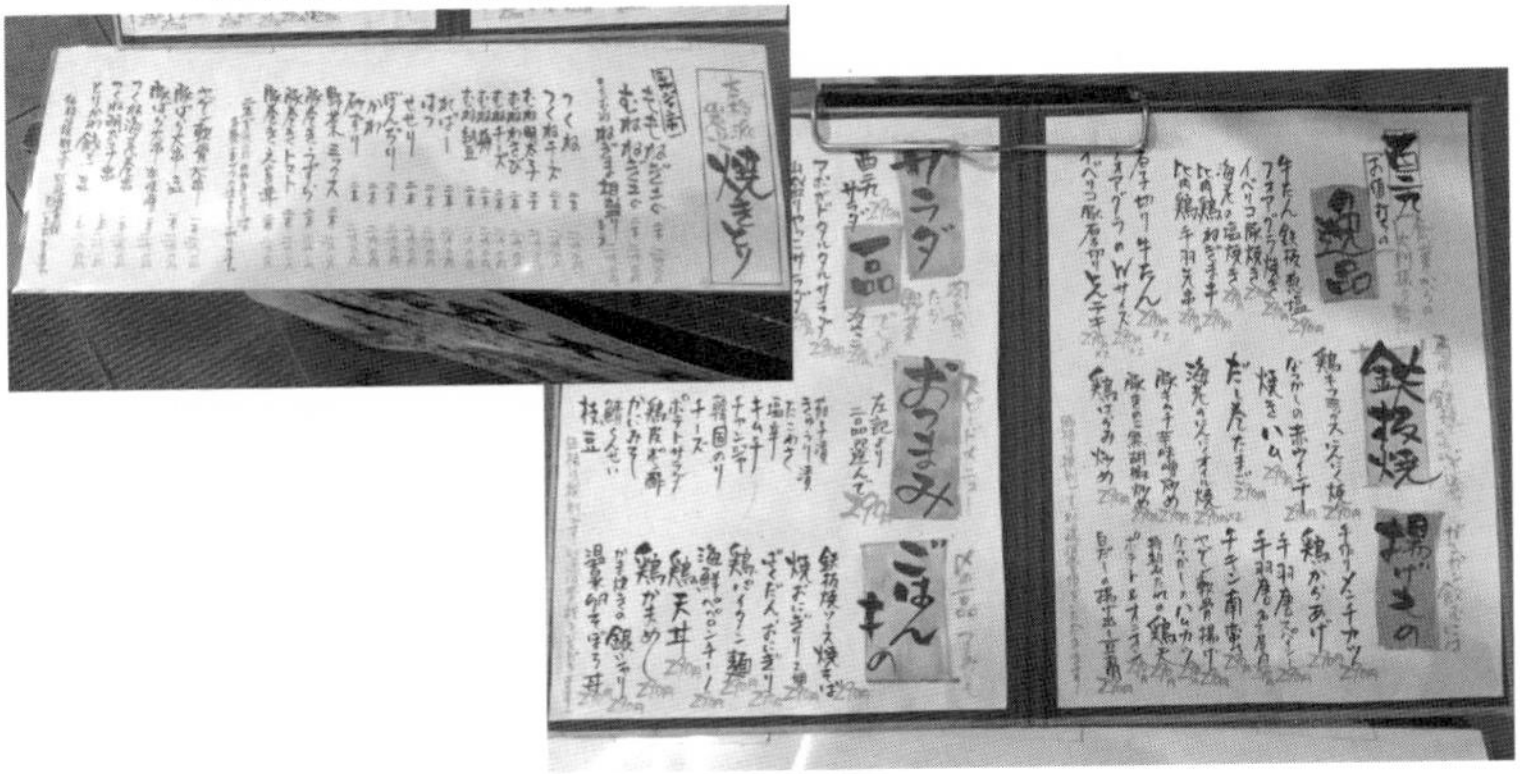

メニューを分けて主力カテゴリーの独立化

メニューブックの第一原則は、主力カテゴリーの存在感を高めるということです。

その方法は3つあります

①主力カテゴリーページを独立させる

②主力カテゴリーページの面積を大きくする

③主力カテゴリーページをページトップに持ってくる

居酒屋では1ページ目がドリンクページで、フレンチやイタリアンだと1ページ目に前菜があり、お客様の注文の順番に合わせたページ配置がされているのですが、これでは第一印象がお酒のお店、前菜屋のお店になりかねません。

第一印象で主力カテゴリーの専門店であることを伝えることが大切です。

メニューブックのページや配置を見直して、主力カテゴリーを印象づけるようにしましょう。

訴求強化②一番商品の明確化

主力カテゴリーの出数を伸ばし再来店を増やすもう1つの方法が一番商品をとにかく売ることです。

唐揚げを名物にしているお店とお付き合いをすることになり、売上分析をしました。

この会社は売上不振の理由として、競合が増えたこと、人手が不足していることの2点を挙げられていましたが、分析結果は一番商品の唐揚げの出数が落ち込んでいることでした。

その原因はレシピ・値上げ・ポーションダウン等の変更ではなく、メニューブックの変更だったのです。

名物の鳥唐揚げは、お客様に浸透しているから何もしなくても売れる。だからメニューブックの2等地に掲載し、原価率の低い商品や注文のしやすい低価格メニューを一番目立つ一等地にレイアウトしていたのです。

自店の一番商品は浸透している、その商品力も高い、だから大丈夫だという過信が集客ダウンを招いてしまったのです。過信は禁物です。

愛知県のハローキットさんはチーズハンバーグが一番商品です。

A3サイズのメニューブック1枚すべてに掲載されているのはチーズハンバーグ1品です。

メニューブックの一等地に一番商品を乗せる

だから、チーズハンバーグが売れ続けています。

3日5回炙りの皮串が一番商品の焼鳥店ではA3サイズのメニューブックの1枚目の半分で皮串を掲載しています。

少し大きく掲載する程度ではお客様に伝わりません。大きさをデフォルメするためにも1品1枚、せめて半分の面積で掲載するくらいの取組みをしてみましょう。

主力カテゴリー細分化の法則

くどいようですが、主力カテゴリーの売上を伸ばせば客数は増えていきます。

7坪の天ぷら居酒屋でのできごとです。お付き合いが始まった時、その店の月商は昼夜合わせて191万でした。

この店では天ぷらを1個単位で注文できるの

ですが調べてみると、一人当たり４・５個が天ぷらの出数でした。この数字を伸ばせば活性化します。

そこでメニューブックを見直しました。

今までのメニューブックは、天ぷらというカテゴリー名のうしろに、品名と価格が羅列されていたのですが、そのカテゴリーを細分化して掲載したのです。

見直し第一弾では、カテゴリー名として①人気の5品②海鮮③変わり種④野菜⑤旬のおすすめの５つの小カテゴリーをつくり、小カテゴリー内に3～7品を掲載しました。

すると、天ぷらの出数は伸びたのです。

訪問の度に工夫を重ねながら、今では7つのカテゴリーを設けて、一人当たり４・５個の時１９１万だった売上が、５・５個の２２０万、７・５個の２８０万、そして９・２個の３３０万を達成し今では昼営業をやめたにも関わらず坪月商50万を越えています。営業時間は短縮、スタッフの人数は変更なし、そして売上アップという大幅な生産性アップが実現できました。

出数が増えた理由は、お客様の注文の動機付け回数が増えたからです。

たとえば回転すし。今では特急レーンが増え、ベルトに寿司を流すお店は減りましたが、回転すしの多くは1分間で約50～60皿の寿司が目の前を通過します。

流し方には2種類あります。連続流しとバラバラ流しです。連続流しはサーモン５皿・まぐろ５皿といった流し方。バラバラ流しはサーモン・いくら・まぐろ……という一皿一皿連続し

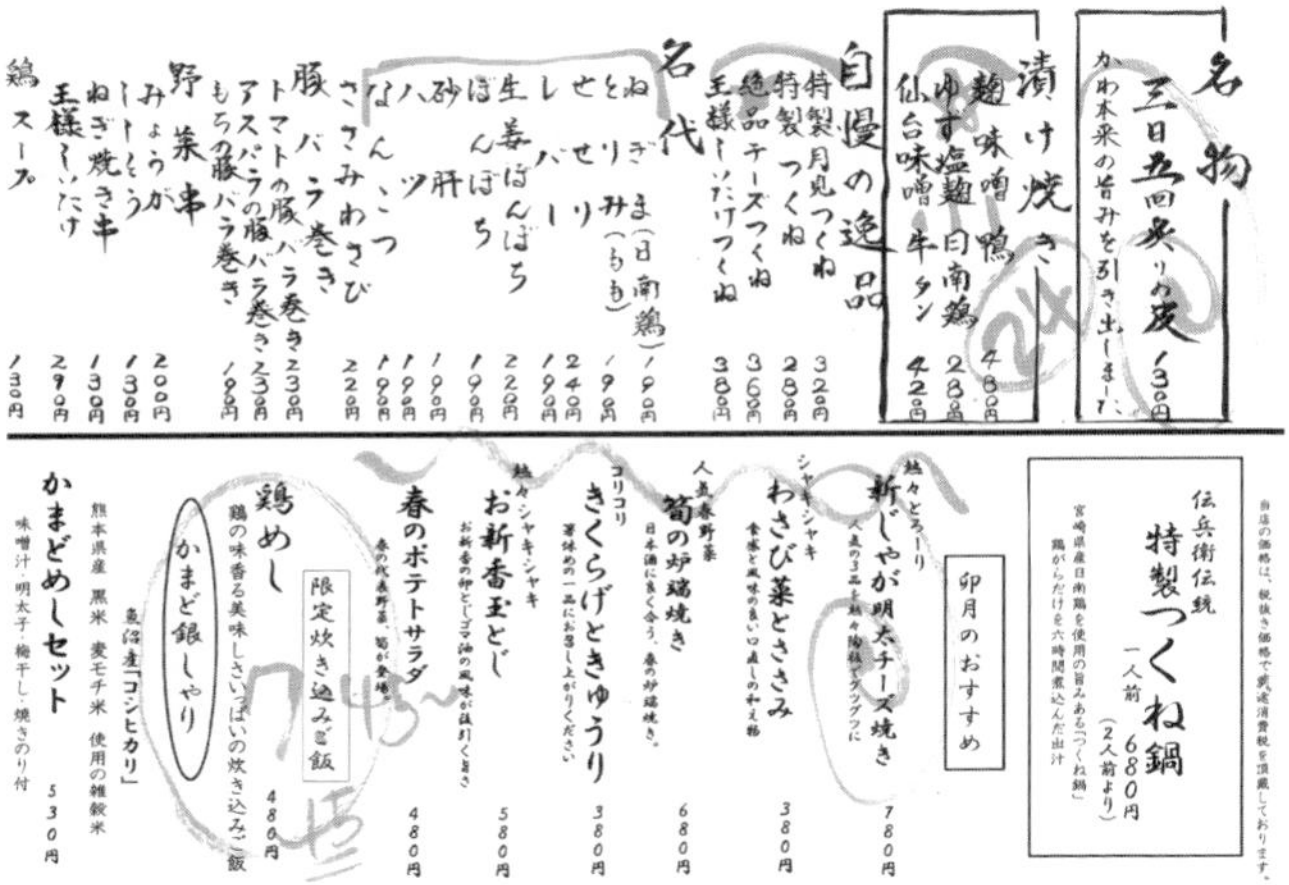

主力カテゴリー内を細分化

ない流し方。さて、どちらの店が一人当たりの皿数が伸びるでしょうか？

正解はバラバラ流しです。

連続流しで仮に1魚種5皿流します。お客様の前に1分間で流れる魚種の数は60皿÷5皿＝12魚種です。別の表現をするとお客様は12回皿を取るかどうかの判断をします。

では、バラバラ流しの場合は何回判断するでしょうか？　そうです、60回です。

1分間で12回の注文の動機付けがある店と60回の店。どちらが皿を多く取ってしまうかは歴然としています。動機付けの回数は多い方が良いのです。

メニューブックでの注文する動機付け、それはカテゴリー名とその数です。

カテゴリー名の数が多いと出数が増えます。

顧問先の焼鳥店では、①焼鳥メニューを独立させ、焼鳥メニュー内に小カテゴリーを6つ設けています。

2名でお越しのお客様はメニューブックを見て、口に出しながらこう注文します。

「名物は3日仕込みの皮か。まずは2本」

「漬け焼？　どうする？　今日はやめておこうか」「自慢の逸品だって！　どうする？　王様つくねって何だろう？　一度食べてみるか」「名代は？　そうだなとりあえず、ねぎま2本と砂肝2本」……（次の小カテゴリーに続く）。

カテゴリーごとに注文するかどうかを考えてくれます。だから焼鳥の出数が伸びるのです。

焼鳥という大きなカテゴリーにただ品名が羅列している状態とは大きな違いが生まれます。

焼鳥が美味しいから出るだけではなく、カテゴリーが多いから出るという対策も必要です。

メニューブックで鮮度を伝える

朝どれの野菜、産直の魚、熟成の肉、どんなに鮮度の差別化があっても、それは目に見えないと実感できず差別化になりにくいものです。

ましてや、鮮度がウリのメニューがラミネートされ使いまわされていたら、変化していない感が強まり、鮮度感は失われてしまいます。

顧問先ではメニューブックの1枚に「鮮度ページ」をつくっています。

通常であればメニューブックは料理写真をのせますが、鮮度を伝えるために野菜や魚など、

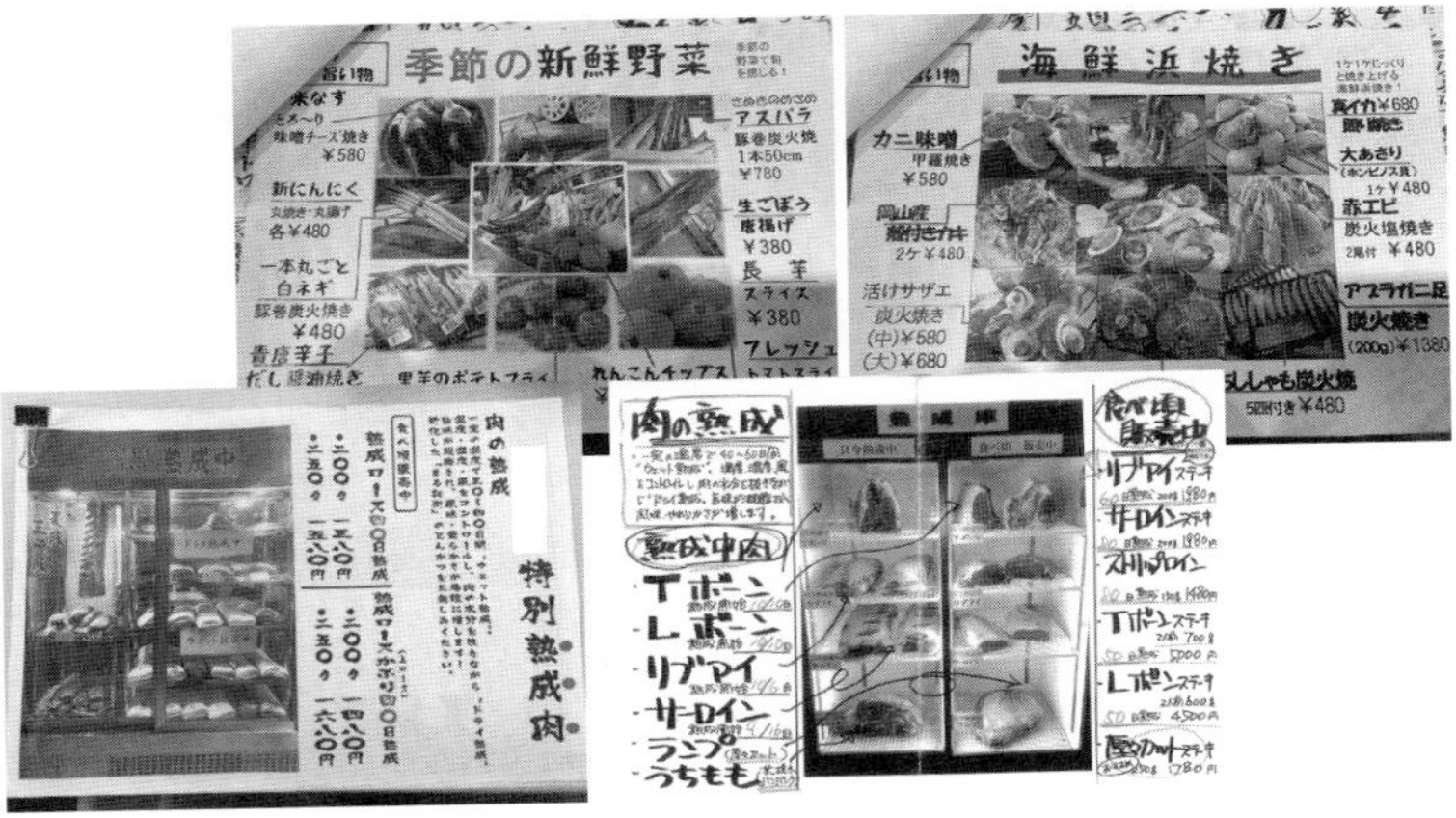

メニューブック内に「鮮度ページ」をつくる

その食材を掲載し、熟成肉の料理であれば熟成庫を掲載しています。

少し大げさに表現すると、メニューの中に畑や市場をつくり、少しでもお客様に鮮度や熟成などの差別点を伝える取組みをしています。

カスタマイズ可能なメニューブックに

メニューブックのレイアウトを変えたり、配置を変えたり、文字の大きさ、品名、カテゴリー名などを見直すだけで、単品の出方や構成比が変化します。

少しレイアウトを見直してみよう、新しい品名に変えてみよう、旬の料理を入れて、この商品は外してしまおうなどフレキシブルなメニュー展開をするためには、制作の内製化や手書き作成など、持続的に変更可能なメニューで展開することが大切です。

第4章

五感を刺激する商品づくり

「下品・派手・濃厚」がお客様を興奮させる

ステーキ店に8名ほどで行った時です。一番人気の熟成ステーキ3種盛を注文しました。ステーキ提供時にホールスタッフさんから商品の説明がありました。「こちら○○牛の20日熟成、こちらが30日熟成、これが40日熟成です」

そして、いざ実食。お肉は確かに美味しかったのですが、私たちのテーブルはしらけてしまいました。全員が熟成日数の美味しさの違いを実感しようと目をつむり、長い時間咀嚼し、誰もしゃべらなくなってしまったのです。

肉バルを経営している顧問先でも、先のステーキ店と同様にステーキ3種盛りを展開していますが、提供方法も内容もまったく違います。

熟成肉は使用しておらず、US産です。そしてもう1つ違う点があります。

それは鉄板での提供です。熱した鉄板の上に焼き上げた150gのステーキを3種類おいて、客席でソースをかけます。

サーロイン150g、タン150g、ハラミ150gの合計450gです。

お客様の目の前でソースをかけたステーキ３種盛り

テーブル上では音・香り・湯気が立ち込めます。隣のテーブルのお客様はその光景を見て、私もあれくださいと注文します。隣のお客様は食べていないのに美味しさを感じ、注文されるのです。

これが「シズリング」です。シズルの語源は、ステーキが目の前で焼かれるのを見ている人が、よだれをズルズルとすする音だそうです。

鉄板で提供することで焦げ付きます。加熱しすぎることになるので味は落ちます。それでもお客様はシズル感を美味しいと感じるのです。

この店は坪月商50万を売る繁盛店です。食べる前から強烈に感じる美味しさ。それがシズルです。

美味しい料理を提供することはもちろん大切

です。今では美味しくないお店を見つける方が難しいくらいです。ただ、美味しいだけで差別化しいては集客などできません。

集客を高める商品づくりのポイントは「下品で派手で濃厚」な料理なのです。

2 シズルの5つの法則

ステーキを熱した鉄板にのせ、その上にソースをかけ、ジュージューという音や香りでお客様の食事本能や五感を刺激するのがシズルの法則です。

しかし、昨今のお客様はヘビーユーザー化しています。この単純なシズルだけではヘビーユーザー化したお客様をライトユーザー化させることはできません。

お客様の五感を刺激するシズルには5つの法則があります。

①爆発力

強烈な印象づくりが必要です。

ソースをかけた時にジュワっと一瞬で終わってしまうようではお客様は興奮しません。皿からソースが飛び散るくらいの爆発力が必要です。

②瞬発力

シズル要素は短時間で仕上げなくてはいけません。

固形燃料に火をつけ、じわじわ沸騰してくるようではお客様は興奮してくれません。炎をつくる場合も見栄えの良い青い炎では興奮しません。

③面積力

熱した鉄板にソースをかける時、一か所にだけソースをかけてもシズリングの面積が小さく、迫力がでません。鉄板全体にかけるような面積が必要です。

④接近力

お客様から離れた場所でシズリングを実施しても興奮しません。できる限りテーブル上で実施するのがベストです。

またソースが飛び散らないようにと鉄板を囲むように紙をたてることも禁物です。音・香りはしても、見えないので視覚が刺激されないからです。

⑤美味しさの見える化

鉄板にソースをかけるという単純なシズリングでは効果はあがりません。たとえば、チーズハンバーグ。シャバシャバした粘度のないチーズとネバネバと糸を引く粘度の高い濃厚なチーズ。どちらに美味しさを感じるか。もちろん高い粘度のチーズです。チーズ自体に差別点はなく、差別化のポイントはチーズの濃厚さにあります。では、どうすれば濃厚さをより感じさせることができるか。

それはチーズをかける高さです。数センチ上からかけるのではなく30センチ上からかけることで、より濃厚さが見えるようになります。

これが美味しさの見える化です。

3　ボリュームはお値打ち感

以前、郊外のとんかつ店から集客の相談を受けました。その店は銘柄豚を使用していましたが、集客に苦戦していました。

商品を食べるととても美味しいのですが、料理を見た瞬間に苦戦の原因が分かりました。ボリュームが少ないのです。

銘柄豚は原価が高い。売価を上げればいいのですが、売価を上げると客離れしてしまう。その結果ポーションで原価調整してしまいます。その店はロース並で１人前80ｇのボリュームだったのです。これは全国平均から考えると少ない量です。

美味しいけどお値打ちを感じないから集客できていない。そこで、この店では思い切って銘柄豚をやめ、外国産の豚肉に切り替えてもらいました。そして、その代わりに80ｇだったボリュームを１８０ｇへ増やしてもらいました。

確実に満腹にする。吐くまで食べてもらう！というコンセプトでボリュームに特化したのです。

それから半年後、販促などの成果もあり、売上は2倍近くにまで伸びています。

この事実は2つのことを意味しています。

1つは、単純にボリュームは集客力だということ。もう1つは、上質な素材だけでは集客できないということです。

商品力には2つの種類があります。

本能的価値と理性的価値です。

本能的価値とは、ボリュームやシズリングなど食事本能を刺激する要素。

理性的価値とは、頭で理解して美味しさを感じる要素。産地、有機野菜、地産地消、特殊な製法などです。

多くのお店では差別化の対策に、理性的価値を高める取組みを行います。とんかつ店であれば、US産を国産に、さらには銘柄豚に。

この取組み自体は美味しさを高めることでもあり重要ですが、原価は必ず上がってしまいます。

売価を上げると客離れを起こすと考え、多くの店はボリュームを下げます。理性的価値を優先するために本能的価値を犠牲にするのです。その結果、ボリュームという最も原則的なお値打ち感を失い、集客を落としてしまっている傾向があります。

このとんかつ店は、理性的価値を犠牲にし、本能的価値を優先し活性化したのです。

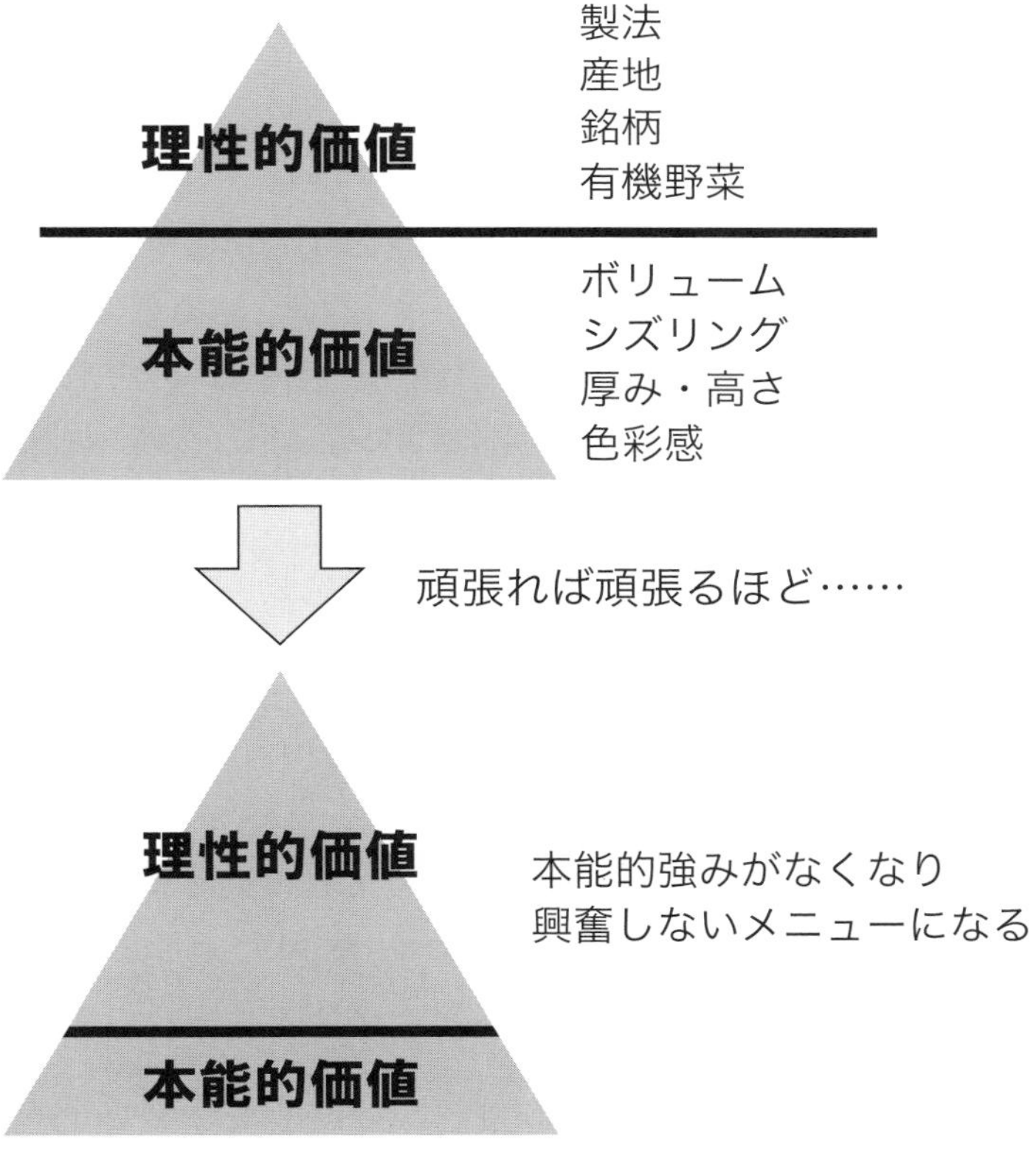

理性的価値と本能的価値のバランス

差別点となるボリュームづくり――1・3倍の法則――

どれくらいのボリュームがあると人はお値打ち感を感じてるのでしょうか。その数字の目安が1・3倍です。

10センチの棒と11センチの棒を見せてもほとんどの人はその違いに気づきません。

ところが10センチと13センチになった時ほとんどの人が一目で長さの違いに気づきます。

ボリュームで差別化をする場合は、業界水準または競合店の3割増しのボリュームを出すと差別化が生まれます。

ボリュームとボリューム感

どんなにボリュームがあっても、ボリューム感が伝わらないと意味がありません。

ボリューム：　実質的なボリューム

ボリューム感：　ボリュームを感じさせること

ボリューム感を出すにはいくつかの方法があります。

①面積力

少し小さめの器にして、はみ出させる。

耳のない器にして器いっぱい感を出す。

どちらのお寿司を注文しますか？

②具だくさんの見える化

たとえば、味噌汁であれば、底の深い器ではなく大名椀のように底の浅い器にして、具をはみ出させる。

③長さ特化

上の写真を見てください。この2枚の写真、どちらもネタのグラム数は同じです。しかし、多くの人がネタの長い右の写真の寿司を注文すると思います。

カットの仕方を変えるだけでお値打ち感は変わります。

この寿司店では、長さに特化して差別化をつくりました。長さの目安は競合店の１・３倍です。

実際に、近隣競合店や繁盛している寿司店を調査した結果12センチという目安を見つけ、その通り実施したのです。

4 濃厚化

健康的な食生活は大切ですが、飲食店では少し違うようです。

ヘルシーは集客にならない

たとえば、サラダの品名をヘルシーサラダにしてみると出数は落ちます。

メニューにカロリー表示をすると出数はさらに落ちます。

高級店を除き、「天ぷらは塩でお召し上がりください」とやると天ぷらの出数は落ちます。

その理由は、「ヘルシー＝味が薄い、ボリュームがない」と連想してしまい食事本能が刺激されないからです。

塩で食べると味が弱く物足りない。食べた実感がない。食べた印象が残らないからリピーターが生まれにくくなります。

今では低糖質は1つのマーケットになっていますが、基本的にヘルシーさや薄味・上品な味では集客できないと考えるのが良いと思います。

濃厚な味

私たちの顧問先で四国の郊外で展開しているおくどさんという海鮮定食屋があります。

この店の人気メニューは炭火で焼き上げた魚なのですが、あることをきっかけに売上が伸びました。それは、焼き魚を味噌などに漬け込んだ漬け魚にしたのです。

味がより濃厚になるので
・おかずになる
・濃厚さは美味しさの実感を生む
・濃厚さは記憶に残る
この3つがその理由だと思います。

この漬け魚を始めてから、集客は伸び、焼き上げる前の魚をテイクアウトで欲しいというお客様がとても多くいらっしゃいます。

焼鳥店では、鶏もも肉や合鴨を味噌漬けにして味噌漬け串を展開しています。

初めはなじみがないので、なかなか売れません。ところが、売る努力をして売れ始めると、それを食べにお客様が来店し、Aランク商品となります。

煮魚をお客様が食べるところを見ていると、魚を箸でとり、とった魚を煮汁に数回浸してから食べています。

大阪の串カツは2度漬け禁止です。その2度付け禁止のおかげでお客様は串全体にたっぷりソースをつけて食べています。

串かつを食べていないのです。ソースを食べているのです。

行列の出る顧問先の天丼店は、揚げた天ぷら全体を天つゆに一度くぐらせて丼に盛り付けています。味が濃厚なのです。

流行性はありますが、繁盛しているラーメン店は塩ラーメンよりとんこつラーメン店の方が多いように感じます。

つけ麺の人気店の多くは粘度がある濃厚スープです。

焼肉店で目隠し試食をすると、普通のカルビよりも、タレに漬け込んだカルビの方が美味しいと言われます。漬け込むと、短時間で色目が悪くなり売りにくいという一面はありますが、顧問先では漬け込んだ肉を売る努力を続けた結果、その商品が一番商品化し集客商品となっています。

おでんは冬の人気メニューですが、濃厚な鶏出汁のおでん店は年間を通じて集客しています。

ソースを入れる器の底が浅かったとんかつ店の器を、底の深いものにかえたら、お客様から美味しくなったと声が上がり始めました。

鮮度のいい鶏肉で作った唐揚げより、タレをしっかり付け込ませた唐揚げの方が売れます。

長時間かけて作ったカレーや長時間煮込んで作ったシチューの差別点は、濃厚さです。濃厚な味は集客力です。

今ある商品が「ソースだくさん・つゆだくさん」なのか再確認してみるのも大切です。

専用ソース・専用ダレでより濃厚に

素材そのものの美味しさを楽しめる料理もひとつですが、より濃厚な味を楽しんでもらうことで客数アップができるようです。

顧問先の寿司店では出汁巻き玉子をより濃厚に食べて頂くために、出汁巻き玉子専用ダレをつくり、提供時に一緒に持っていくことで、より濃厚に召し上がって頂いています。

先ほどのおくどさんは、漬け込んだ濃厚な漬け焼き魚に、漬け焼き魚専用だしをたっぷりかけて食べてもらっています。

パンケーキ店では、たっぷりの甘い生クリームの上にさらにシロップをかけて甘さを強調します。甘さに甘さを重ねる。濃厚に濃厚を重ねることで差別化の強化ができます。

差別化すべき商品には専用ソースをつくるのも１つの差別化となります。

5　食感で美味しさの実感をつくる

自店の商品を陳腐化させる

九州の顧問先のうどん店で、うどんの美味しさの実感を見直す検討をして頂きました。粉など原料や製法を変えるといった上質化ではなく、美味しさの実感をデフォルメしてほしいとお願いしました。

表現が適しているか分かりませんが、その地域のうどんは、コシの強いうどんではなくモチモチ感のあるうどんが一般的でした。そのモチモチ感をより強くするために、麺をより太くしてほしいとお願いをしたのです。

翌月、経営者や担当部長や料理長など10人ほどで試作会をしました。

最初に現行のうどんの試食。

次に、太くしたうどんの試食

すると、おお！モチモチで美味しい！という声があがります。

そして、最後にもう一度現行のうどんを食べてもらいました。

すると、ほぼ全員が同時に「もの足りない」と声が上がったのです。

今まで食べていたうどんに不満はなかったのに、よりモチモチのうどんを食べたとたんに、今までのうどんでは物足りなくなるのです。

その商品の持つ美味しさや特徴をデフォルメすることで、さらに美味しさの実感は増します。今までの商品を新しい商品で陳腐化させたのです。

この絶え間ない美味しさの実感の強化が競合店との違いをつくります。

競合店によって自店が陳腐化される前に、自らの手で自らを陳腐化させるのです。

それは、大きな投資やびっくりするようなアイデアではなく、美味しさのデフォルメ。この会社の場合は、食感のデフォルメで実現できたのです。

食感特化

長い間売上トップであり続けるアイスに、「チョコモナカジャンボ」があります。

チョコモナカジャンボも美味しさの改善を繰り返すことで、自らを陳腐化させている商品の1つです。

その内容は、上質なクリームに変更するといった上質化戦略ではなく、サクサクという食感の改善です。どうすれば食感がよりサクサクにできるかという改善を繰り返すことで高い売上を実現しています。

食感を差別化した一番商品

ハンバーグの繁盛店ハローキットは、食感に特化した商品を開発しました。

それは12・5ミリという超粗びきのハンバーグです。

ところが始めた当初は肉が固いというクレームもありました。

差別化は一部のクレームを生みます。超粗びきハンバーグの集客力を信じ、その商品を売る努力をし続けた結果、今では7年前の2倍以上の売上になっています。

食べた時の肉粒感を強く感じさせる商品が差別化となったのです。

寿司店の顧問先では、海鮮丼の見直しをしました。食材にダイスカットした数の子やつぶ貝を入れてもらいました。原価を下げるためにたくあんのダイスカットを入れてもらったお店もあります。

メニュー変更後、販促もしてもらいましたが、販促をやめた後も丼の出数は増え、ランチの集客商品になっています。

一番人気がカルボナーラのパスタ繁盛店があります。具材の中にきくらげを入れて、食感を生んでいます。

その商品が持つ食感をさらに強化することで美味しさの実感が生まれるのです。

厚切り特化

繁華街で成功していたステーキ店が郊外で苦戦している話を聞きました。

その原因は何でしょうか。ステーキは利用頻度が少ないから、競合が増えたから、出店し過ぎたから、さまざまな理由がありますが、美味しさの実感という視点でその原因を探ってみます。

繁華街での主な客層は自分の財布で支払いをするビジネスマンでした。お店は３００ｇを推奨しているので３００ｇを注文します。

肉厚な食感を堪能でき美味しいと実感できます。

郊外の店の主な客層はビジネスマンではなく、ファミリー客になります。ファミリーの財布の紐は主に主婦である女性が握っています。女性は予算にはシビアです。

厚切り３種盛り

旦那さんが３００gを注文しようとすると奥様の無言の圧力を感じ「２００gください」と言ってしまう。奥様も予算を気にして２００gを注文する。

２００gのステーキは厚みが少ないので美味しさの実感が弱い。これだったら、いつものファミレスでもいいね、となり再来店しなくなる。そんなことも不振の原因として考えられます。美味しさの実感は集客力なのです。

顧問先の焼肉店では活性化のために、新しい銘柄や部位を入れるのではなく、今ある焼肉の美味しさの実感を強化することにしました。その1つが厚切り特化です。

３センチの厚切り牛タン、３センチのハラミ、３センチのヒレ。そして厚切り3種盛りを４９８０円でメニュー化しました。

ところが売れません。価格が高すぎるのです。

そこで、「毎週金曜日は４９８０円の厚切り３種盛りが３９８０円」というメールを常連様に毎週配信しました。店内でもオーダー前にしっかり口頭で説明し続けました。するとと金曜日は厚切り３種盛りの出数が伸びます。それを召し上がった金曜日来店のお客様は、また金曜日に来ます。そういったお客様が増えて、金曜日は満席状態で入れなくなります。すると金曜日ご来店していたお客様が金曜日以外にも来店するようになり、最終的には金曜日以外の集客も増えました。

食べたきっかけは値引きだったかもしれませんが、デフォルメされた厚切りの美味しさを実感したお客様は再来店してくれるのです。

ふわとろ戦略

「ふわふわパンケーキ」のような食感を連想させる商品は人気のある集客商品です。「ふわとろ玉子のあんかけうどん」、「ふわとろ天津飯」などもそうです。

モチモチ、ジューシュー、ふわとろ、サクサク、シャキシャキ、ぐつぐつ……これらの表現をオノマトペといいます。オノマトペとは、わくわく・そわそわと同じ擬音語・擬態語のことです。

その商品が持つオノマトペの特徴をデフォルメすればさらに強い差別化が生まれるのです。

6 目の前仕上げ

イタリアン酒場ナチュラの一番商品に、しらすパスタがあります。

しらすがたっぷり乗っているボリュームだけで一番化しているわけではありません。

お客様の目の前で、しらすをどんどん入れていきます。お客様はその様子を笑顔で見ながら、山盛りのパスタに満足してもう充分ですと言います。

海鮮居酒屋では、いくら丼のいくらをお客様の目の前で入れることで集客商品になっています。

バックヤードで盛り付けたら他店にもあるような見慣れた商品が、目の前仕上げすると、この店だけの商品に生まれかわります。

イタリアンの顧問先では、北海道産うにを半折使った濃厚クリームパスタという商品を季節メニューで展開しました。価格の高い商品でしたが大変な人気でした。

お客様の卓上にうにパスタを置き、さらにその上に箱うにの半分をたっぷり入れる商品です。

サラダも、お客様の目の前でつくるスピニングボウルサラダは人気です。

目の前でしらすを盛りつけていく

ボウルに氷を入れて、その上に一回り小さい野菜の入ったボウルを入れます。

小さいボウルを回しながらドレッシングを入れ、しっかり絡めたらできあがり。

バックヤードで作ったら普通のサラダ。でも目の前でつくるサラダは特別な鮮度を感じるサラダになります。

海鮮居酒屋では、まぐろのブツがとても人気商品です。

ボウルに入ったたっぷりの漬けまぐろと白髪ねぎがたっぷり入ったお皿を客席に持っていきます。そして卓上でマグロのボウルに葱を入れてスタッフが混ぜてできあがりです。

これらすべての商品は卓上で仕上げるだけで美味しさには何も違いは生まれません。

しかし、お客様はそれを喜ばれます。

目の前仕上げ商品は差別化となります。

せっかく目の前仕上げするのであれば、より集客成果の出る取組みにしたいものです。そのためには3つの法則があります。

①短時間

あまりにも時間がかかってしまうと間延びしてしまい、お客様の興奮力は落ちてしまいます。1分程度を目安にするのが理想です。

②接近戦

これは、シズルとも同様ですが、目の前仕上げもテーブルから離れれば離れる程効果はなくなります。

テーブルのすぐ横にワゴン台をつけ、テーブルの上で実施するなど、お客様とより近い場所で実施してください。

③会話する

無言で目の前仕上げするよりも、食材の説明や、さらに美味しく食べるための提案などしながらするとさらに効果的です。

顧問先では、炎が出る・濃厚チーズソースをかける・うにをたっぷりのせるなど、目の前仕上げのクライマックスの時に「お客様、シャッターチャンスですよ！」とひとこと言うようにロールプレイングしています。

すると、お客様は慌てて写真を撮ります。

撮った写真はＳＮＳで拡散され、口コミの発生商品になってくれます。

7 鮮度と鮮度感で集客する

鮮度は美味しさそのもの

あるハンバーガー店は売上が伸び悩んでおり、売上の活性化をするため、商品を試食させて頂きました。

一口食べてすぐに「パテがパサパサで美味しくない」と言いました。その原因は、パテの冷凍解凍を繰り返していることでした。

そこで、冷凍をしていない生のパテで試作してほしいとお願いし、経営者・担当部長の3名で試食しました。

一口食べたとたん、隣に座っていた社長が吐き出してしまいました。口の中をやけどしたのです。そして言いました。「この店の肉、こんなにジューシーだったんだ」

それをきっかけに、この店はパテの生化をしました。業績は改善しています。

顧問先の会社に行った際、海鮮居酒屋の売上が突然10％以上伸びていました。理由は冷凍だった売れ筋の魚種を生化したのです。

天ぷらの鮮度は何でしょうか。食材が生ということ、そして、揚げたてという鮮度です。繁盛している寿司店の人気メニューの1つが海老天の手巻きです。海老が入っていない海苔の上にシャリをのせ、巻かれていない状態で出てきます。そして、しばらくすると、揚げたての海老の天ぷらをバットにのせたスタッフが来て、テーブルの上で海老天をのせて完成です。

寿司店の顧問先では、在庫と原価対策も含め1つのお願いを徹底してくれました。それは、仕入量の多い魚種8品の棚卸を毎日してもらうということです。毎日の棚卸はお店にとっては苦痛でしかありません。在庫を減らしたくなります。実施の2か月後、食材の仕入れ量が適正化し原価率が2％改善されました。そして何よりの成果は、帰り際冷蔵庫を開けたら主力食材の在庫が限りなく0になったことです。常に鮮度のいい寿司を提供できるようになり、売上は昨比110％を越えています。

見える化された「鮮度」を味わってもらう

先の事例は、美味しさそのものが改善された一例ですが、もう1つの効果的なやり方として

「半生」で鮮度を活かした、ほたて天ぷら

〝鮮度の見える化〟があります。

寿司居酒屋の顧問先では天ぷらを準主力カテゴリーとして売上構成比を伸ばす取組みをしています。

その人気のある天ぷらの1つが、半生ほたての天ぷらです。生でも食べられる鮮度の良さを見える化したのです。

顧問先の天ぷら店では、はまぐりの天ぷらが人気です。あえて殻付きで天ぷらにしています。殻付きの方が鮮度を感じるからです。

炉端居酒屋では、ヤングコーンやマコモダケなど葉付きの野菜を、葉付きのまま焼き上げて提供しています。

いずれの商品も鮮度だけでなく、鮮度感を実感してもらうための取組みです。食べやすさよりも、鮮度の見える化という差別化を優先して

葉付きのまま焼きあげられたヤングコーンとマコモダケ

います。

美味しさは食べるだけでは伝わりません。

美味しさは目に見えるものに置き換えなくてはならないのです。

8 満喫感をつくり上げる ―満喫の法則―

俺のフレンチの店頭にいた時に、お店から出てきたお客様からこんな声が聞こえてきました。

「ロッシーニ食べて、オマール海老食べて、フォアグラのリゾット食べて一人4000円だったわよ！」

このお客様は、単におなかが満たされただけではありません。いつもと違った食事を満喫されたのです

繁盛している寿司店で食事を終えて店を出てきた人が笑顔でこんな話をしていました。

「聞いて聞いて！会計いくらだったと思う？大トロ、うに、あわび、こぼれいくらに穴子握りも1本食べて、4000円だったの！」

これが、「聞いて聞いて！かっぱ食べて、かいわれの握り食べて、納豆巻き食べて1800円だったの！」とはなりません。

お客様の印象に残るのは、ごちそうやメインディッシュ感のある料理です。それらを複数召し上がった時に「満喫感」が生まれます。あれこれ美味しい料理をたくさん食べただけではリピーターしません。何を食べたかしっかり印象に残すことが大切です。

全品メイン化したコースメニュー

満喫力＝印象に残る差別化商品×その体験数
と考えることができます。

コースの全品メイン化

顧問先の寿司店のコースは7品しかありませんが、小鉢的な料理はその中にありません。全品メイン感を感じさせる料理で構成しています。

一品目の前菜箱盛りは7種類の料理が詰まっていて、その1品は温度のある単品を入れています。温度があることで、できたて感を訴求します。あわび・牛肉・ロブスターの陶板焼きは、とても分かりやすいごちそうです。味噌汁は蟹でしかも具をはみ出せている具だくさん。天ぷらや刺身もあり、最後の〆は寿司7貫。

全品メインディッシュ化し、提供のたびにお客様を興奮させることが大切なのです。

この店は昼夜共に予約の絶えない繁盛店です。

フレンチのコースのメインは肉または魚1皿という考え

方はもはや通用しないのです。

同様にハンバーグレストランで、ハンバーグ単品のボリュームをどんなに大きくしても、「食べた食べた」という満喫感を得るには少し弱いのです。

それよりも定食スタイルにして「ハンバーグとご飯」の組み合わせで食べた方が高い満喫感となります。

ハンバーグ単品よりも、ハンバーグ定食。

ハンバーグ定食よりも、ご飯食べ放題。さらには甘さたっぷりのデザート付き。

主になるものに何か付加される方が満喫感が高まります。

では、食べ放題なら満喫感が高くなるのか？となりますが、そうでもありません。

なぜならば、そこには第一印象の特化や厚切りのような差別化の提案はなく、すべての商品が平均的な、食べるだけの機能が中心だからです。

そんな食べ放題の中にも、シズリングのようなお客様の五感を刺激する内容が入ってくると、その集客力は極めて高いものになります。

たとえば、焼肉食べ放題の繁盛店には、厚切りやステーキのようなごちそうを感じさせる名物があったり、漬け込みした濃厚な味の一番商品があったり、食べ放題なのにスピニングボウルサラダのような目の前仕上げ商品があります。

食べ放題も、満腹になるまで食べるという提案だけでなく、お客様の五感を刺激するものがあると、食事の満喫感はさらに高まります。

定食のメインの2つ化

焼き魚定食なら焼き魚1品と小鉢・ご飯・汁物。

唐揚げ定食なら唐揚げ・ご飯・汁物。

通常、定食のメインは1種類です。しかし、顧問先ではメインを2つにしています。

3種の焼き魚と海鮮丼の定食。

煮魚と刺身の定食。

メインは1つより2つの方が当然満喫感が高まり、印象にも残り、集客力となります。

うどん・そば店では季節のうどんや季節の丼物を展開しているお店が多くあります。にも関わらず、セットは「かけそばと季節の天丼」とメインが1つになってしまい、せっかくの季節感やごちそう感の訴求が弱くなっています。

そうしてしまう原因は価格です。高くなると売れないと考えてしまうのです。

顧問先のそば店では、今まで「春の天丼祭り」を実施されていました。天丼の食材に季節の野菜（菜の花、竹の子）と魚（桜鯛）が入っている内容で、その季節の天丼とかけそばのセットで920円でした。春のメインが丼メニュー1品だったのです。

メインを２つにして満喫感アップ

ある年、差別化を強化するためにタイトルを「春のごちそう祭り」に変更し、メニューの見直しをされました。

ごちそう天丼として、海老2尾、穴子1本天、漬け込み鶏天、半熟玉子の天ぷらなどの構成で単品価格１２８０円。ごちそう蕎麦として、たっぷりの蛤をのせて９８０円。そして、その蕎麦と丼のセットで１４８０円（蕎麦はミニサイズ）。

メインを2つにしたのです。

今までフェアーの売上は高い時で7%ほどだったのが13%と伸び、客単価も上がり、売上を伸ばす結果となりました。

価値が伝われば、出数は伸びます。価値が伝わっていないから低価格に陥るのです。

価値を伝え、よりお客様の印象に強く残るようにするには、メインを2つ化することが有効

ヒルストングループレストランのメイン顔負けなガロニ

です。

単品はガロニのメイン化

アメリカにヒルストングループという急成長しているレストランがあります。

そこのお店は単品を見ると、どちらがメインか分からないほどのボリュームのガロニ（添え物）だったり、料理性を感じさせるガロニでお値打ち感をつくり上げています。

これもメイン化の取組みです。

メイン食材を2品つかう

「本日の海鮮かき揚げ」というボリュームのあるかき揚げが人気商品のお店があります。

ところが、数年もするとさすがに出数が落ちてきました。そこで、商品見直しをしました。

1つが車海老と野菜のかき揚げ。もう1品

2つのメインをかけ合わせた人気食パン

ごちそう食材でメイン化

は、あわびと枝豆のかき揚げです。

これはメイン食材の2つ化です。さらにその内の1食材はごちそう食材。このメニュー変更で、かき揚げの出数が再び伸びています。

俺のベーカリーは1斤1000円近い高級食パンの専門店です。

店舗ごとに展開している店舗限定の食パンも大変人気で、焼き上がり時間前になると店前に行列ができます。

その中でも人気の商品が「抹茶とホワイトチョコレート」です。

これも、2つのメイン食材を使っています。

9 商品名のシズル化

2つのリンゴ

リンゴを買いにスーパーへ行きました。すると2種類のリンゴが売っています。

1つは、リンゴ１００円。

1つは、リンゴ１３０円。

産地も銘柄も収穫日も何から何までまったく同じリンゴです。

さて、どちらを買いますか？　当然価格の安い１００円のリンゴを買いますよね。

別の日にリンゴを買いに行くと、また2種類売っています。

1つは、リンゴ１００円。

1つは、糖度15度以上のリンゴ１３０円。

この時、はじめて価格の高い１３０円のリンゴを買う人が現れます。

単純にリンゴだけを置いても差別化は生まれません。だからお客様は安い商品を選びます。

１３０円のリンゴが売れたのは、リンゴそのものではなく、糖度15度という、リンゴの頭に

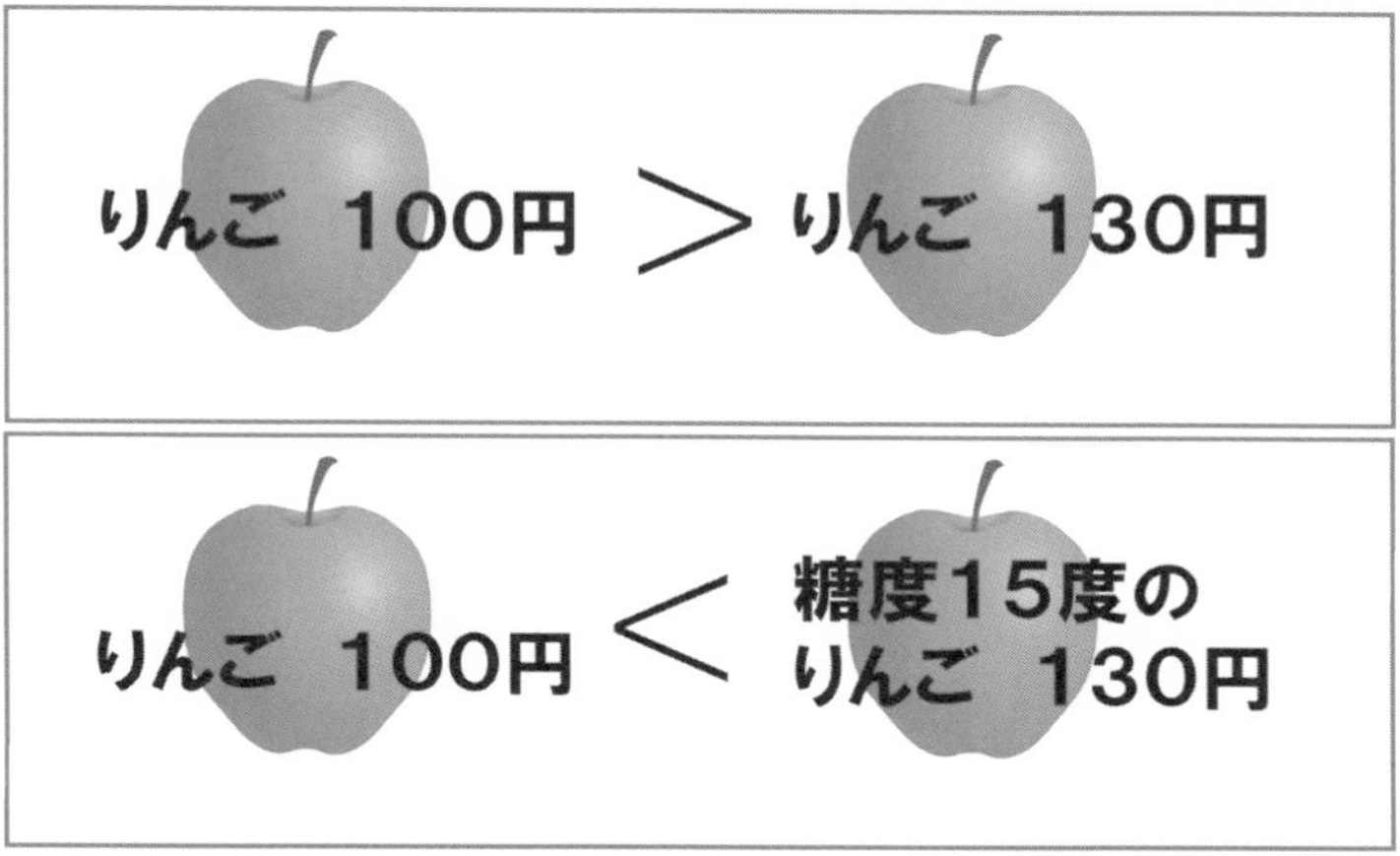

リンゴの差別化

ある文字が買われたのです。

この糖度15度以上という商品の冠文字が差別化なのです。

セルフうどんの店舗では、「メンチカツ１００円」というＰＯＰで販売していました。人気の商品だったので、さらに売るために商品リニューアルをしました。

「超粗挽きメンチカツ」とし、価格も１００円から１３０円に値上げしたのです。

すると、変更したその日から出数が2倍になり、在庫が1日でなくなってしまったのです。

商品名の頭に冠文字をつけることで差別化が伝わり、高付加価値化します。

商品名＋その差別点＝高付加価値商品

となります。

炙りサーモンを「焦がし醤油の炙りサーモ

ン」とすると、醤油の香りを感じませんか？

かつカレーが「厚切りかつの熟成カレー」となると、とんかつのボリューム感と美味しさを感じませんか？

チーズハンバーグは「とろとろチーズの12・5ミリ超粗びき黒毛和牛ハンバーグ」。濃厚なチーズと肉粒感を感じませんか？

煮込みハンバーグは「ふわもこ～！すふれオムレツ　トマト煮込みハンバーグ」。食べてみたくなりますよね？

皮串を「3日5度炙りの名代皮串」にすると、手が込んでいる技術感が伝わってきませんか？

これらはすべて、顧問先の一番商品の品名となっています。

商品名のシズル化をして、お客様の五感を刺激できれば、値下げに頼らず出数を伸ばすことができます。

10 盛合せを一番化する

刺身盛り、焼鳥盛合せ、焼肉盛合せなど多くのお店で盛合せメニューは人気商品だと思います。

しかし、人気だから一番商品だと勘違いしてしまうと危険です。盛合せは、どこのお店でも売れる売れ筋商品です。お客様は積極的に注文しているのではなく、とりあえず注文している場合がほとんどです。

でも、その売れ筋商品である盛り合わせで差別化をつくり上げることができれば、差別化を体験するお客様が増え、売上が上がり始めます。

今ある盛合せの一番化ができれば売上の活性化につながるのです。

刺盛り一番化の７要素

ボリュームある刺身7種盛りを提供している顧問先の店長から、食べ残しが多い、量が多すぎるのではないかと相談されました。

昨日の刺盛りの内容を聞くと、原因が分かりました。７種のうち４種が白身だったのです。

刺身のバリエーションを見直して一番商品に

魚種の詳細は覚えていませんが金目鯛・桜鯛、平目、カレイなど。食べ残しの原因は、同じような味しかないために起こる食べ飽きです。魚種が少し変わったとしても一口目の味はわさび醤油なので、大きな違いがないのです。

盛合せは1つの器の中に美味しさのバリエーションが必要なのです。

刺身の美味しさのバリエーションは次の7要素の組み合わせで展開できます。

①魚種のバリエーション

赤身・白身・光物といった魚種の種類

②食感のバリエーション

薄切り・厚切り、ぶつ切、貝類といった食感の違い

③鮮度感のバリエーション

姿・殻付き（鯵・蟹姿・さざえなど）

④濃厚な味のバリエーション

焼肉盛合せのバリエーション例

醤油漬け、塩麹漬け、梅肉和えなど

⑤香りのバリエーション

藁焼き、瞬間スモーク

⑥手づかみ

牡蠣、蟹、ねぎとろ＋海苔

⑦印象付け

寿司の細巻き、押し寿司（ただし、これはおまけですと伝えないといけません）

この店で、刺盛りの内容を見直したところ、食べ残しはほぼなくなりました。

量が多いのではなくバリエーションがなかったのです。

それどころか、売上構成比が7％まで落ちていた刺盛りが15％まで復活し、刺身の美味しいお店という顔が強化され客数も増えています。

焼肉盛合せも同様です。

①赤身・脂身・ホルモン
②厚切り、薄切り
③漬け（漬け込みカルビ、塩麹漬けなど）
④牛肉の野菜巻きで食感・色彩・鮮度感
⑤肉寿司・肉の細巻き

小さな差別化を重ねる

バックヤードでカットされたピザを出されるよりも、目の前でカットしてくれた方がなんとなく良い商品となります。クワトロフォッマッジ（４種のチーズピザ）だと、目の前でシロップをかけてくれるとさらにお客様はなんとなくいいなと感じます。

大きな差別化をするのではなく小さな差別化を重ねていくことで商品力を高められます。

刺盛りを常に進化させ続けるために、刺盛りの炙りは別皿に盛り付け、お客様の目の前で炙るなども小さな差別化です。

豊富な魚種＋美味しさのバリエーション＋目の前仕上げ＋クラッシュアイスによる冷感＋食べ方提案の説明（この魚は肝醤油でお召し上がりくださいなど）。

１つの商品に小さな差別化を重ねて投入すれば新しい一番商品に生まれかわります。

変化性

盛合せには変化が必要です。

一番商品が盛合せのお店が、それを売るためにファーストオーダー時にお客様にオススメをしたとします。

「本日の刺身の盛り合わせは鰺とまぐろと……」

新規客はしっかりと聞いてくれます。

そのお客様が別の日にまた来ます。

「本日の刺身の盛り合わせは鰺とまぐろと……」

お客様は、黙って聞いてくれます。

そして3回目のご来店の時には「もう知ってるから大丈夫。それよりビール早く持ってきて」と言われてしまいます。

その結果、スタッフが説明をしなくなってしまい、一番商品の出数が落ちる。そんな経験のある方は多いと思います。

盛合せ型の一番商品の出数を伸ばすためには、その内容を定期的に見直すことです。

実際、顧問先の刺盛りは3日後に行くと半分の魚種が変わっています。

焼肉の盛り合わせも、「今宵限り盛り」という品名にして、部位や内容を変えています。

			5/28	7/30	3/20	5/24	5/25	6/3	6/10	利用回数
	（選べる）姿つくり	ウマヅラハギ姿造り				●				1
		真あじ	●	●	●	●	●		●	6
		石カレイ				●		●		2
		真いわし					●			1
		真鯛					●			1
		長崎地あじ						●		1
		うまづらハギ						●		1
		本皮ハギ						●		1
		コチ							●	1
		あいなめ							●	1
		平目							●	1
		活〆ほうぼう			●					1
		さんま		●						1
		いさき		●						1
		活スズキ		●						1
赤身	1	まぐろ	●	●	●	●	●	●	●	7
	2	かつお	●	●		●	●		●	5
	3	サーモン							●	1
白身	4	黒ダイ				●				1
	5	ホッケ						●		1
	6	石カレイ	●							1
	7	煮穴子		●						1
光物	8	活ぶり			●	●				2
	9	かんぱち	●	●				●		3
	10	ワラサ					●		●	2
	11	〆サバ	●	●	●	●	●	●	●	7
	12	真イワシ				●		●	●	3
	13	小肌		●						1
えび いか たこ	14	タコ	●	●	●	●	●	●	●	7
	15	甘エビ						●	●	2
	16	すみいか						●		1
	17	ほたるいか			●					1
貝類	18	サザエ				●	●	●		3
	19	小柱					●			1
	20	平貝	●		●	●	●	●		5
	21	ホッキ貝		●		●	●			3
	22	赤貝							●	1
	23	ホヤ						●		1
	24	ほたて貝							●	1
	25	岩牡蠣	●	●	●				●	4
	26	みる貝	●		●					2
	27	とり貝			●					1
	28	殻付うに		●						1
他	29	玉子焼き				●	●			2
	30	細巻	●	●	●		●			4
	31	オイルサーディン	●							1
	32	小肌の酢洗い			●					1
バリエーション			6	6	5	6	5	5	4	

変化に富んだ刺盛り用の魚種

本日の一番良い魚種や部位を厳選して盛り付けた商品、という形にするのです。今月の盛り合わせよりも、本日の盛り合わせの方が鮮度感を感じさせます。もっといいのは、「只今の盛り合わせ」です。

その魚種や部位がなくなったら別の魚種や部位に変えてしまいます。自分のテーブルと隣のテーブルの盛合せの内容が違うのです。

この取組みを継続することで、旬の美味しい店、鮮度のいい店、何か提案してくれて新しい発見のあるお店といった顔ができてくるので、集客力も来店頻度も高まります。

実際、この「只今の盛合せ」を実施している顧問先はとても繁盛化しています。

内容を固定してしまうと、何も考えなくていいので手間はかかりません。その反面、欠品してはいけない思いから在庫過多になります。在庫過多になり食材回転率が落ち、鮮度も悪くなるという悪循環が発生する危険もあります。

一番商品である盛合せに変化性を取り入れると、さらに一番化するのです。

ドリンクを売るな、鮮度を売れ！

ビールやハイボールはどこのお店でも取り扱っているので差別化にはなりにくく、「結論低価格化」となってしまいます。

なかなか売ることが難しいですが、日本酒やワインは差別化になります。日本酒を飲むなら、せっかくワインを飲むなら、あの店に行こうという目的来店客をつくることができます。

和食系の店では日本酒、洋食系の店ではワインを売る取組みが集客力となります。

顧問先の店で日本酒を注文するお客様に、「一番最近に栓を抜いた日本酒ください」といつも言うお客様がいるそうです。それを聞いた時、日本酒も銘柄ではなく鮮度を買っているのだと気づき、顧問先の1社で日本酒の売り方を変えて頂きました。

紙メニューで鮮度を売る

①品揃えは今までの15種類ではなく7種に絞り込む

②A3サイズの紙に7種類の日本酒を書く。日付は開封日

③1本完売したら、その上に線を引いたり「完売の判子」を押す

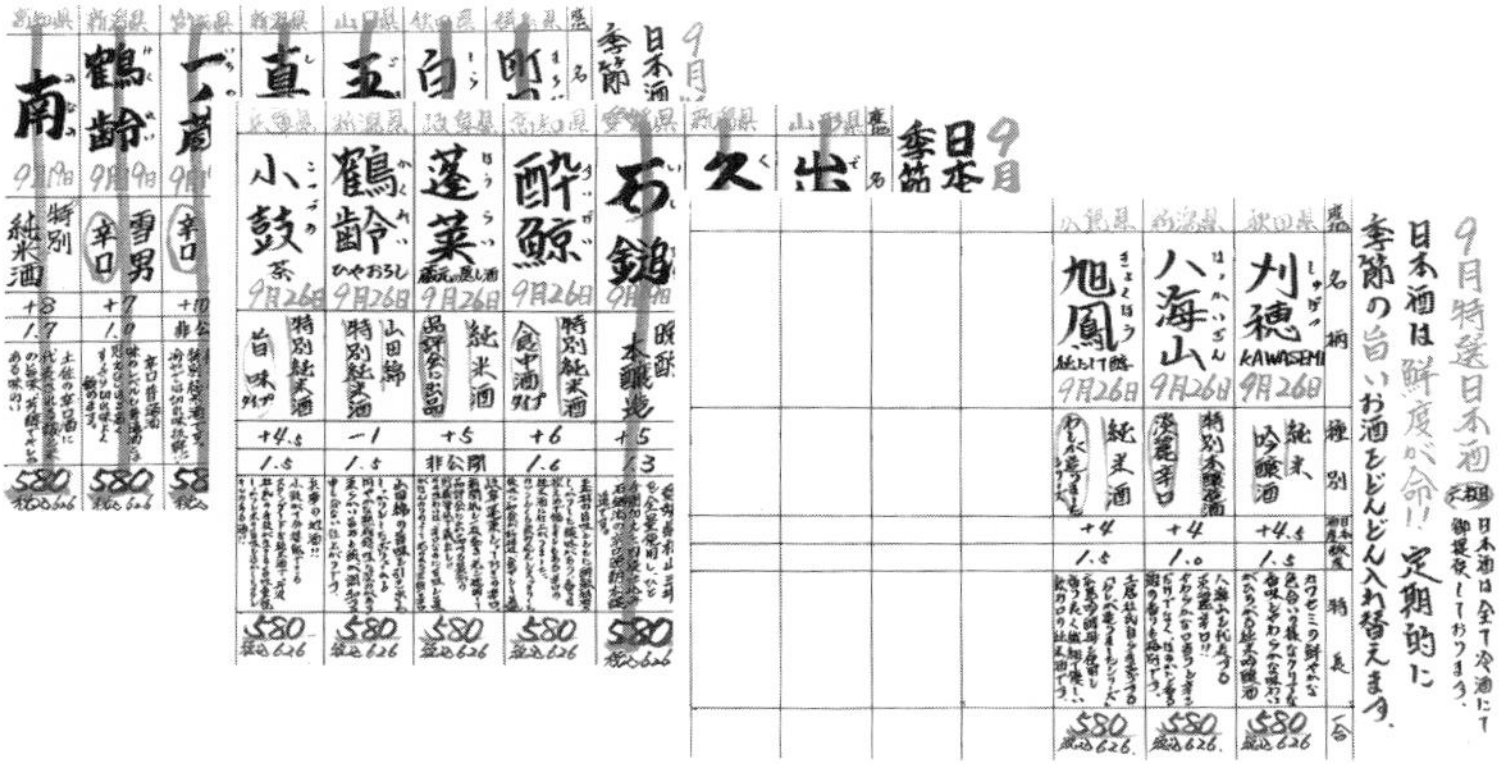

開封日が書かれ、完売の履歴も残る日本酒メニュー

④仮に同じ日本酒を開封する時でも、改めて書き足す

⑤すべて完売したページも、すぐ捨てずに履歴として残す

という売り方をしたのです。

すると、品数を減らしたにも関わらず、その月から出数が伸び始めました。

紙メニューによって存在感が上がったこと、日付を入れ鮮度を感じたことの2つが注文につながったのです。

ところが気になる点がありました。それは最初に日本酒を注文された方の多くが、追加オーダーはビールやハイボールだったのです。

予算の分かりやすさで売る

次は価格を見直す必要性を感じました。予算の明確化です。

今までは490・590・690円だったのを思い切って590円均一にしてもらったのです。

すると、追加オーダーも日本酒となりさらに出数は伸びました。

それでも、まだ気になることがありました。それは、最初にAという日本酒を注文されたお客様は追加もA、次もAを注文されているのです。

日本酒を売る目的は、日本酒の目的来店客づくりや、いつもと違った食事を経験して頂くことです。日本酒を満喫した、と感じてもらうことがとても重要なのです。

しかし、日本酒Aを飲み続けるということは〝満喫〟ではなく日本酒で〝単に酔う〟ことです。満喫するためには、AもBもCも飲んだ、としないといけません。

お客様は日本酒に詳しくない。均一価格なので違いを感じない。だからおかわりになっているのではと考え、また価格を見直しました。

580円均一だった価格を、560・580・590円のように10円刻みですがすべて500円帯にしたのです。価格はそれぞれ違いますが、1価格帯しかないので均一感・予算の安心感はあります。でも価格が違うから、この10円高いのも注文してみよう、となる。

これが効きました。思惑通り、日本酒を満喫するお客様が現れ始めたのです。

同様の売り方を全国の顧問先で実施した結果、日本酒がビールの売上を抜き、中にはビールの2倍近く売っているお店もあります。

日本酒・ワインは鮮度感と予算の安心感で集客化します。

第5章

お客様の心を掴みサービスを売上にする

お客様は提案を買う

海鮮居酒屋の売上ダウンとその原因

郊外で海鮮居酒屋を3店舗展開している会社でのできごとです。

3店舗のうち1店だけが売上を落としていました。店長に、なぜ売上が落ちたと思いますか？と聞くと「店があるのは小さい町で、大きな会社一社の業績で町の景気が変わります。その会社の業績が良くなく町が不景気です。その影響で客単価が落ちたので売上が落ちました」と店長は答えました。

実際に、今までは3店舗共に客単価が約2800円でしたが、その店だけ2300円近くまで落ち込んでいたのです。

店長の気持ちは分かりますが、その分析は違うのではないかと言いました。

なぜならば、その店は明らかに売上の多くが常連様で成立しているお店だからです。

お客様は今日行くお店を決める時、何屋に行くかなどさまざまな条件の中からお店を選択しますが、その中の1つに予算があります。今日は一人2000円に抑えたい、家族で1万円以内にしたい、という金額です。

この店は約３０００円かかると常連様は知っています。３０００円使うつもりで来ているのです。初めから２０００円で食べたいと思ったお客様は他店に行くものです。

ではなぜ、客単価が落ちたのでしょう。

それは、「お店からの提案」がなくなっているからです。

以前は、お客様が席に座ると、「本日の刺身の盛り合わせは旬の鯵とかつおの藁焼きが入っています。鯵は脂がのっていて最高に美味しいですよ！」と一番商品の美味しさ説明をしていました。また、４名客の一人がつくね串と皮串を注文すれば、すかさず「４本ずつでよろしいですか?!」とお客様に提案していたのです。

ところが、いつからか一番商品や本日のおすすめの「美味しさ説明」をしなくなりました。「美味しさ説明」をしなくなると、お客様は自分の知っている料理や過去に食べたことのある〝なじみ商品〟を注文するようになります。なじみ商品は比較的価格の安い商品が多いので、客単価が落ちていくのです。このお店はこの状態だったのです。

しかし、本当に怖いのはその後です。

〝なじみ商品〟は他店と比べて大きな特徴や違い、差別化があまりありません。そんな差別化のない〝なじみ商品〟だけを食べるといった利用を数回繰り返すと、ある時お客様がふと思

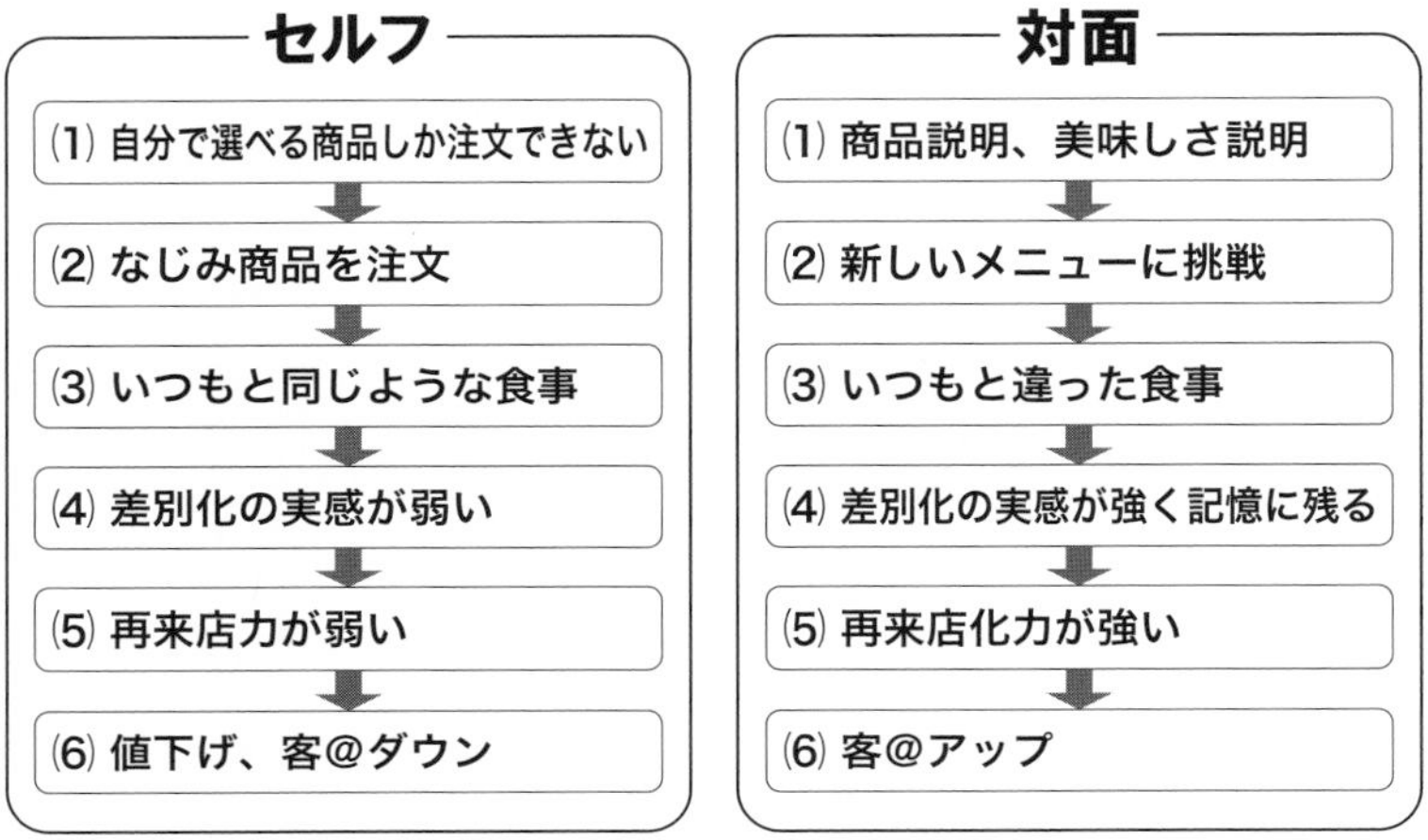
セルフ
(1) 自分で選べる商品しか注文できない
(2) なじみ商品を注文
(3) いつもと同じような食事
(4) 差別化の実感が弱い
(5) 再来店力が弱い
(6) 値下げ、客@ダウン
対面
(1) 商品説明、美味しさ説明
(2) 新しいメニューに挑戦
(3) いつもと違った食事
(4) 差別化の実感が強く記憶に残る
(5) 再来店化力が強い
(6) 客@アップ

客単価を上げる“美味しさ説明”

うのです。「わざわざこのお店に来なくてもいいな。もっと安いお店でも十分だ」

他店との違いを経験することがないので、「わざわざ来店・目的来店」客が消滅していくのです。クレームや問題があるから集客しなくなるのではなく、差別化の体験がなくなるから集客数が落ちるのです。

差別化メニューが出なくなる理由、それは、美味しさの説明をしなくなったから。美味しさ説明を実践すれば、一番商品や差別化のある商品の出数が増え、集客を取り戻すことができるのです。

美味しさ提案の強化

「美味しさ説明」をしなくなった理由はすぐに分かりました。

一番商品の「本日の刺身7種盛り」の内容は、品名には〝本日〟とついてはいますが、実際は、いつ行っても「鯵の姿・まぐろ・甘エビ・帆立・イカ……」と、その内容は変わっていなかったからです。

「お客様、本日の刺盛りの内容は！」と言おうとすると常連様から「知っているから説明はいいよ。それよりビール早く持ってきて」と言われてしまいます。そんな経験を1・2回してしまうと、ホールスタッフは怖くて説明をしなくなってしまうのです。

そこで、この店では7種盛りの内4種を旬の魚や厚切りなど説明のできる内容にし、その4種も頻繁に変えていくことにしました。

そして、本日の刺身7種盛りをはじめ、キンキの煮つけや手に届く贅沢料理など、このお店の差別化メニュー7品の美味しさ説明をもう一度頑張ることにしたのです。

売上＝客単価×客数

その結果は驚くほどすぐに出ました。その日から客単価が200円以上上がったのです。

ごちそう感を感じさせる高級魚の煮魚、オマール海老の炭火焼、厚切り熟成牛タンステーキなど差別化された料理の出数が増えたのです。

それらをご注文されたお客様は、やっぱりこの店は他と違う！となるので再来店率も上がります。

常連様が新規のお客様を連れて来るようにもなります。結果、客単価だけでなく客数も増え大きく業績改善したのです。

多くのお店では、客単価を下げて客数を増やす戦略をとります。しかし、この戦略の多くは失敗します。

たとえば、客単価を20%下げたとします。売上をトントンにするためには客数を25%増やさなくてはいけません。20%価格を安くしたら、お客様が25%増える……そんな簡単なはずがありません。

しかも、安くすることで原価が上がります。やむを得ずボリュームを減らします。すると貧相な商品になってしまい、ますます客数は減ってしまう危険があります。

以前、売上が落ち続けている居酒屋の売上分析をしました。社長は近くのボーリング場の閉店がきっかけで売上が落ちたと言っていましたが、分析をすると売上ダウンのきっかけは値下げメニューに切り替えたことだったのです。

値下げは一時的に客数が増え、売上が上がるので、値下げしたことは正しいと勘違いしてしまいます。しかし実際はリピーターは増えず、常連様の離脱を生みます。

真実は、客単価を下げれば客数は減り、客単価を上げれば客数は増える、のです。

そう考えると、省力化や効率化のために注文のタッチパネルを導入することも危険を秘めて

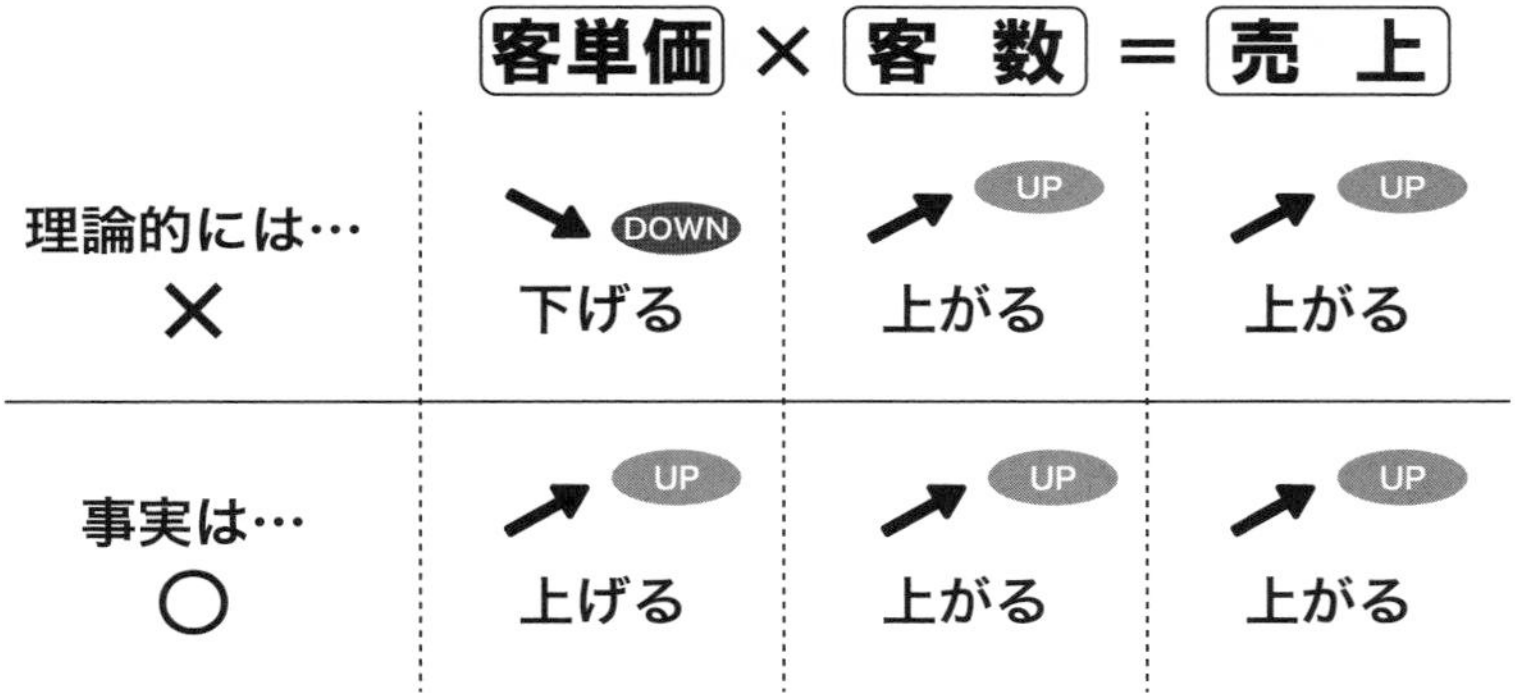

客単価を上げれば客数も売上も上がる

います。注文をすべてお客様に任せるというセルフ化をしたら、お客様はなじみ商品ばかり注文するからです。

もしすでにタッチパネルを導入されているお店ならば、その対策は一つです。

ファーストオーダー時だけでもお客様に提案することです。お客様はお店の提案を買ってくれるのです。

2 「7・3・1の法則」でおすすめしよう

靴を1足買いに靴屋に来ました。7種の靴があり3つまで絞り込めたのですが、そこからどうしても決まりません。すると店員さんが通りかかったので、店員さんにどれがいいと思いますか、と相談しました。

すると定員さんは笑顔でこう言います。

「3つとも、どれもお似合いですよ」

このお客様は、3つのうちどの靴を買うでしょうか。一番安い靴か、一番高い靴か、今日着ている服に合う靴か。

何も買わずに帰る。これが正解です。

人は何を買っていいのか分からない時、何も買わないという選択をします。

私たち飲食店では、席に座ったお客様が何も注文せずに帰るということはあまりないと思います。では、何を注文していいか分からないお客様は何を注文するでしょうか。

その多くは、なじみ商品か価格の安いメニューを注文します。

そして、そのお客様はもう来ません。差別化を感じていないので、来る理由がないからです。何を注文していいか分からないような単純な品揃えは客離れを招きます。

売上を上げるというと、新規客を獲得することに頭がいってしまいがちですが、売上を上げるには新規客づくりではなく、客離れを食い止めるという離脱の防止をすることが最も効果的です。

そのためには、当店に来たからにはこれを絶対に食べて欲しいとお客様に提案することが大切です。

その提案を買ってもらえるようにするポイントが「7・3・1の法則」です。

まず7品を提示し、特におすすめな3つを伝え、最後に、本当の本当はこれですよ!と1つに絞り込んで提案する方法です。

7品を提示するだけだと、お客様は選べないから注文しません。また1品を提示するだけでは、選択肢のない押し売り的な印象になってしまい注文してもらえません。

7・3・1の法則で美味しさ説明をすると、お客様がその商品をご注文してくれる率が高まります。

売るべきカテゴリーを売る

顧問先のイタリアンでは、差別化のためにワインを売ることにしました。

そこで実施したのが、お客様からの注文前に１８００円のボトルワイン７本を客席にまで持っていくことでした。

７本の内訳は、赤３本・白３本・スパークリング１本です。産地や味の特徴などワインの美味しさ説明を１本につき約30秒します。30秒×７本で３分30秒です。

そして、赤白どちらがお好みですか？と聞き、お客様が赤と答えれば、「そうですか、赤ワインの中でも実はこれが一番お得なんです。銀座で飲んだら５０００円はしますよ！」などと１本のワインをおすすめします。

この、７・３・１の提案をした結果、この店はワインの売上が３倍以上に跳ねました。

水……売上にならない

ビール……普段の食事と変わらない

ワイン……いつもと少し違った特別な食事

差別化カテゴリーとなるワインを売るための取組み事例です。

3 美味しさ説明はシズル言葉で

「本日のおすすめはコチラの料理です」

とだけ伝えるよりも、

「本日のおすすめは魚介たっぷりのフェットチーネのパスタです。5種類の魚介が具だくさん。今日はプリップリで濃厚な三陸産牡蠣が入っています。2〜3名で取り分けてもいいくらいボリュームがありますよ」

と伝えた方が当然注文したくなりますよね。

商品説明と美味しさ説明はまったく別物なのです。

商品説明は食材・製法・味・食べ方を伝えるということ。

美味しさ説明は、聞いているとヨダレが出てしまいそうな、注文の動機付けを促すことが目的です。

そのためには、5つのポイントがあります。

①オノマトペを使う

プリプリ、サクサク、ふわとろ等のオノマトペを使いましょう。

②試食会をする

人は自分で感じたものしか上手に伝えられません。スタッフに向けて試食会をしましょう。なかなか美味しさ説明が実施できていない顧問先の特徴は、食べたことのない商品をおすすめしているスタッフが多いことです。試食をすると、説明の中に表情や言葉の抑揚が生まれ、お客様への伝わり方が大きく違ってきます。

③マニュアルをつくらない

美味しさ説明は文章型のマニュアルをつくると失敗します。なぜならば、スタッフは女優でも俳優でもありません。文章で覚えてしまうと棒読みで感情の伝わらない表現になってしまいます。

文章でつくるよりも、「魚介が具だくさん」「プリプリの三陸産の牡蠣」「2~3人分のたっぷりボリューム」のように、美味しさのキーワードを集めると、表情を持って自分の言葉で伝えられるようになります。

キーワードは試食会の時、参加者全員で意見を出し合って決めるといいです。

④まずは店のリーダーがやる

全員で美味しさ説明を一斉にしようとすると、永遠にスタートできません。

顧問先で美味しさ説明のお願いをし、その商品と説明内容まで決めたにも関わらず、翌月どうだった?と店長に聞くと実行できていないことが時折あります。

どうしても説明の苦手なスタッフがいてスタートできなかったというのです。

そんな時、こう伝えています。

いきなり全員でやる必要はありません。店長、まずはあなたが一人から始めるんですよ。

当然、お客様と話しをするのが苦手なスタッフもいます。まずは、店のリーダー一人からのスタートでいいのです。

美味しさ説明をして、それをお客様が注文してくれると、その人は他のメンバーにもこうしたら注文してくれたと喜びを伝えるようになります。すると、その様子を見ていた他のスタッフが同じように美味しさ説明を始めだすものです。

全員スタートではなく、まずは一人からでもいいのです。

⑤動画マニュアルをつくる

お店によっては、美味しさ説明の上手さで頭角をだす人がでてきます。

そんな時は、美味しさ説明の動画を取り、ラインで送るなど動画マニュアルを作成・共有するとますます良いです。

4 入口で食材説明しよう

イタリアン居酒屋のナチュラは特に海鮮を中心にしたイタリアン居酒屋です。

海鮮に特化したイタリアン居酒屋は他にも多くありますが、ナチュラが繁盛している決め手の1つが「鮮度の見える化」を実現していることです。

店内に入ると、入口正面すぐにあるのは、魚介がたっぷり入った発砲スチロールの山積みの箱です。

お客様が入店されたら、通常は挨拶してそのままお席にご案内しますが、ナチュラでは挨拶したらスタッフが席までの通路をふさぎます。

お客様を魚介の陳列の前で止めて、食材とそのおいしさ説明を始めます。

「こちらが本日仕入れの○○産の蟹で、今日はカルパッチョに入っています。そして、こちらが手長海老で……」

第一印象で鮮度の見える化と美味しさ説明を同時にしているのです。

お客様は鮮度を実感しリピーター化しています。業態力ではなく、鮮度という差別化で集客しているのです。

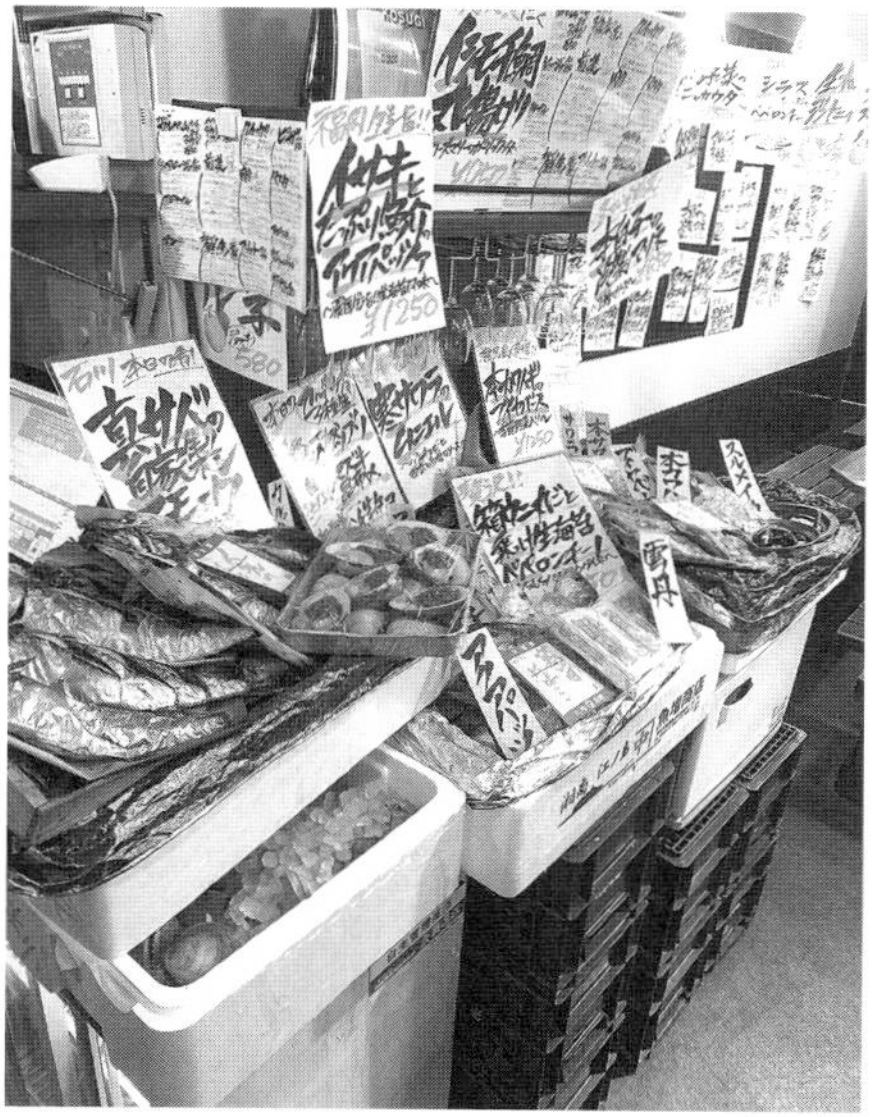

鮮度の見える化と美味しさ説明を同時に行う

焼肉店の顧問先では入口に肉の冷蔵ケースを設置し、入口で食材を指さしながら部位名・美味しさ説明・価格を説明してから席案内をするようにした結果、ファーストオーダーが説明した商品に集中するようになりました。

そば店では、入口に一番商品である本日の天ぷらそばの野菜食材を陳列したり、「本日の天ぷらそばは××産の茄子と……」と説明したところ、一番商品の出数がさらに増え単価アップ・客数アップを実現しています。

食材陳列という鮮度の見える化＋食材説明で美味しさの見える化というW訴求は、お客様の注文を変えてしまう差別化の強烈な実感を生みます。

5 双方向サービス

スペインにサクラダファミリアという天才芸術家のガウディが設計した教会があります。今でも建築中ですが、あれだけの大型建造物にも関わらず建築開始から１３０年以上もの間、死亡事故がありません。安全ベルトなどもなかった当時のことを考えるとまさに奇跡です。どのような工夫があったのでしょうか。

サグラダファミリアのすぐ横に当時から学校があります。誰が通っているのか。彫刻技師たちのお子様たちです。

わが子が、すぐそこにいます。事故や怪我で死ぬわけにはいけません。職人である技師たちは必然的に安全意識が高まります。自分の子供たちが、そこにいるから一生懸命に、そして安全に意識して今日一日を働くのです。

ガウディはこんな言葉を残しているそうです。

「人には希望と報酬が必要だ」

報酬とは給料だと思います。でも、給料だけでは人は動かないことを教えてくれます。人には、お金だけでなく、希望や仕事の喜びや誇りが必要なのです。

私たち飲食店での希望・喜び・誇りとは何でしょうか。

顧問先での会議の際、ある社員さんが、こんなできごとを話してくれました。常連さんにいつも通り美味しさ説明を終えて別のテーブル行こうと席を離れ、数歩歩いた時、その常連さんの会話が背後から聞こえたそうです。「あの子に説明されると全部注文したくなるよな」

それが、今までで一番嬉しかったとおっしゃっていました。

効率化、生産性の向上、マニュアル……仕事の多くが作業になってしまっているように感じる時があります。

注文はタッチパネル。お会計はセルフ。スタッフの仕事はデシャップ台に出てきた料理を運び、空いたお皿を下げるのみ。

サービスではなく一方通行の作業です。

ところが、この美味しさ説明が浸透してくると、お客様が何かしら反応してくれます。

「へー、じゃあそれ1つちょうだい」

「今日も美味しかったよ。また来るね」

お客様の反応、お客様のお褒めの言葉こそ報酬です。

海外にはチップ制がありますが、日本にはありません。でも、お客様の喜びの反応がチップとなるのです。

仕事が一方通行の作業とならないように、双方向性あるものにすべきです。ディズニーランドには行動基準の４つの鍵「ＳＣＳＥ」があります。

Ｓ……ＳＡＦＥＴＹ（安全）

Ｃ……ＣＯＵＲＴＥＣＹ（礼儀正しさ）

Ｓ……ＳＨＯＷ（ショー）

Ｅ……ＥＦＦＩＣＩＥＮＣＹ（効率）

この順番が優先順位です。

何よりも安全を優先する。だから、清掃員の方は地面に落ちたアイスクリームがあったら地面に雑巾を落とし、足でふきます。礼儀正しくはありません。でも、しゃがんで掃除をすると、きょろきょろ景観を楽しみながら歩いているお客様がつまずいて怪我をする恐れがあります。礼儀正しさより安全を優先するのです。

水をつけたほうきで地面に絵を描いている様子を見かける事があります。地面に絵をかいても売上が上がるわけでもなくまったく生産性のない行動です。でもそれは規則通りです。効率よりもショーを優先するのです。

ＳＣＳＥがＳＣＥＳで、ショーより効率を優先する規則だったら、ディズニーは単なる装置産業になってしまい、きっと閉園しているはずです。

それはお客様を喜ばすことができず集客が落ちるから。そしてもう1つは、作業だけの仕事に嫌気がし、スタッフが辞めてしまうからです。

効率は追求しなくてはいけません。でも効率だけを追求すると、無機質で、食べたら帰るだけのお店になってしまうだけでなく、スタッフも定着しません。

人手不足の原因は、年間休日や給与かもしれません。しかし、もう1つ考えないといけないのは、「人手不足はやりがい不足」だからかもしれません。

美味しさ説明など双方向性サービスを強化している顧問先では、アルバイトのウェイティングが出ています。

面接に来た理由を聞くと、一度お客さんとしてお店に来て、ここで仕事したいと思ったと多くの学生が言います。

美味しさ説明は双方向性のあるサービスでお客様の反応を生みます。お客様の反応やお言葉はスタッフへの報酬となります。

この店は、私がいるから繁盛している。全員がそう感じることができる取組みなのです。

6 接触頻度の法則

好きな人に振り向いてもらうには、思い切って10万円のプレゼントをするよりも、１万円のプレゼントを10回する方が良いらしいです。

嫌いな芸能人もテレビで何度も見るうちに好きになっていくものです。

ある食材をどこから仕入れようかと考えた時、年１回営業に来る会社と、月に１回来る会社のどちらから仕入れるか。もちろん熱心な毎月来る会社からです。

これを「ザイアンスの法則」といいます。接触回数が多いほど親しみを感じ、好感を持つということです。

第一世界大戦時に、戦争に勝利するための「ランチェスターの法則」が発案されました。

戦争に勝つためには、戦闘力を高めなくてはならない。その戦闘力の計算式は、「戦闘力＝武器効率×兵力数の２乗」である。

戦争に勝つには、性能のよい武器を持つことが大切ですが、兵力数を増やすことはもっと大切だということです。

戦闘力　＝武器性能　　×兵力数^2

サービス力＝サービス内容×接触頻度^2

ザイアンスの法則とランチェスターの法則をサービス力に置き換えて考えるとこうなります。

サービス力＝サービス内容×接触頻度の2乗

武器の性能＝サービスの内容。兵力数とは敵と直接ぶつかり合う数＝お客様と接触する数です。

お客様を感動させるような強烈なサービスを1回するのも素晴らしいが、小さなサービスをたくさんした方が良いということです。

商品も小さな差別化をたくさん取り入れることが大切ですが、サービスも同様なのです。

顧問先では、接触頻度を高めるために小さなサービスを多く実施してます。

①商品にソースをかけるシズリングという目の前仕上げ

②じゃんけんに勝てば大盛り無料

③すき焼きは、お客様に付ききっきりで焼くことはできなくても、最初の一枚だけ焼いてあげる。瓶ビールも最初の

塩もみきゅうりの店内行商

生ハムをテーブルでカット提供

火打石サービス

1杯だけ注いてあげるという「一杯目のおもてなしサービス」
③1回180円で枝豆つかみ取りの店内行商
④塩もみきゅうり1本100円で店内行商
⑥生ハムやステーキをテーブル上でカット
⑦お会計の際、「来週は魚介のスペイン祭りを開催します。とても美味しいパエリアやりますよ！」などレジで来週のフェアー告知
⑧お帰りの時の火打石サービス（どれに興味がありますか？と「恋愛・仕事・金運」などから石を選んでもらい、その石で火をたてながら「ありがとうございました！」）

これらを実施するのは、きゅうりや枝豆を売るのが目的ではありません。お客様と会話をするのが目的です。

テーブルで生ハムをカットしても味は変わりません。お客様と会話をするためにやるのです。

ほとんどの店のクレームで多いのは商品クレームではなくサービスクレームだと思います。

そんなクレームも、接触頻度が高くなると無くなっていきます。スタッフに親しみを感じるからです。

お客様と接触する、会話をするためのサービスをぜひ挑戦してください。始めたその日からきっと何か変化が起こるはずです。

7 マスカスタマイズサービス

選択できるというのは、時に、よりストレスを感じてしまうようです。

「7種類のうち2種類はこの中からお選びください」という刺身の盛り合わせは、お客様の好みで選べるというカスタマイズサービスですが、お客様が魚の知識を持っているのが前提です。

そんな時に一言、お嫌いでなければ、脂がのっている〇〇と活〆した〇〇が絶対にオススメですよというと、お客様はそれをご注文してくれます。

お客様からすると、私のために個別で提案をしてくれたと感じます。

でも、このサービスは、店からすると全員にしているマスサービスです。

これをマスカスタマイズサービスといいます。

本当の個別対応というのは個人によって、できるできないが発生します。

あまりに属人的なサービスは再現性が弱いのでお店の力になりにくいものです。

でも、このマスカスタマイズサービスは、お客様からすると私のためにしてくれた、となりますが、店からは実は全員に実施しているサービスです。

個別対応感を強く感じさせるマスサービスができれば、サービスの素晴らしいお店と感じて

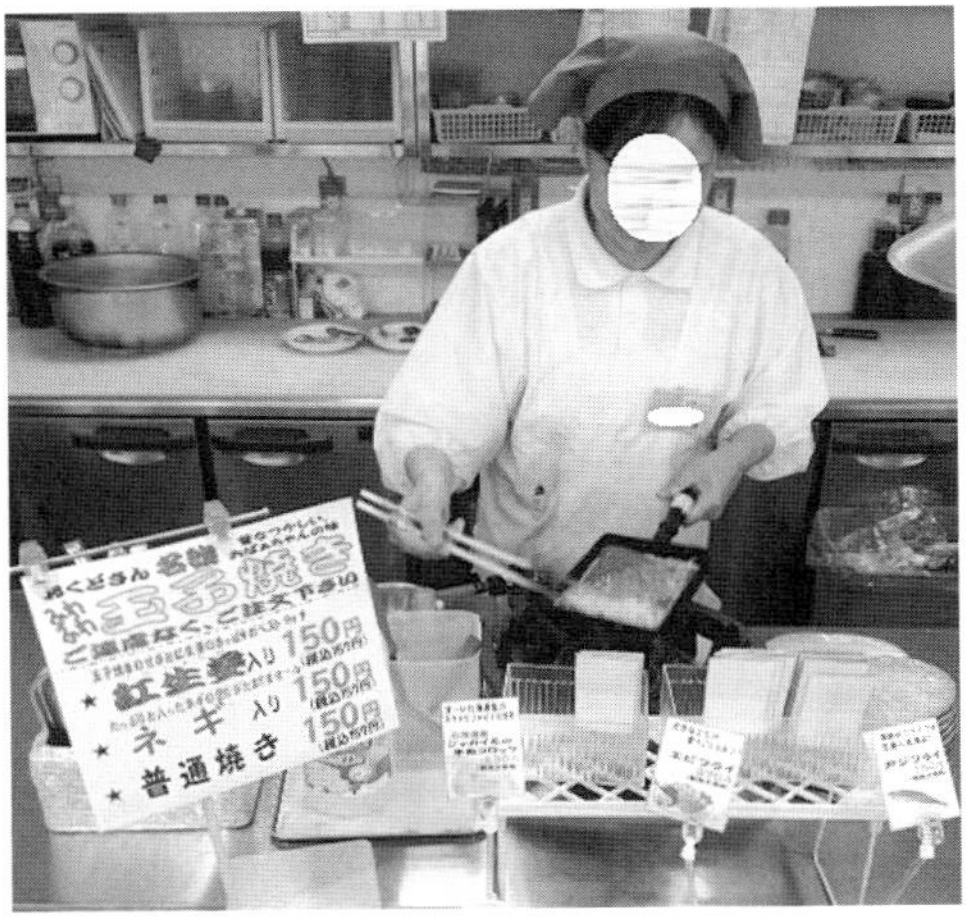

注文後から焼き上げる出汁巻き玉子（トッピング無料）

もらえます。

初めて訪れた寿司店で、お寿司を食べていると5貫目くらいのタイミングで、職人さんが顔を近づけながら注文もしていない穴子を出してくれました。小さな声で「サービスです。お客さんだけですよ」

見ると、他のお客様にもやっています。新規客らしい方にだけするサービスだったようです。常連扱いではなくリピーター化のためのご新規扱いサービスだったということです。

セルフのカフェでは、ある商品を注文すると、スタッフが提供時にこう言います。

「あちらのシナモンをたっぷりかけると、とっても美味しいのでやってみてください」

もちろん、その商品を注文した全員に言っているのです。

セルフ型の定食店では、注文を頂いてから出汁巻き玉子を焼き上げます。中に入れるトッピングに紅生姜・ねぎ・天かすの３つがあり無料です。

出汁巻き玉子を注文すると、「トッピング無料ですけど、どうしますか？」そして続けます。「全部入れもできるし、それが一番お得で美味しいよ」

あなただけへのサービスですと感じさせることができれば、お客様は親切なスタッフのおかげで得をしたと感じてくれます。

提供時の一言サービス

顧問先に行った時の話です。その会社につくと和食の料理長が真っ先に私のそばに駆け寄ってきてこう言いました。「お願いがあります。社長が大型の和食店をつくろうとしています。私はうまく説明きないのです。お願いです、反対してください」

それを聞いた瞬間に、料理長の言いたいことを察しました。

既存の和食店は坪月商80万円と、繁盛していました。その店はテーブルは1席のみで、カウンター中心のお店です。その業態の大型店の出店の検討をしていたのです。

カウンターだと、料理を出す時に製法や食材など料理の美味しさ説明を料理人ができます。それを聞いたお客様は小さな器の料理を箸で丁寧に2つに割り、そっと口に入れ、目を閉じ、ゆっくりと何度もそしゃくしてこう言います。「とても美味しいです」。しっかり味わってくれるのです。

ところが、料理長は大型店になるとそうはいかないと思ったのです。テーブル主体になり、料理を配膳するのは自分ではなくなる。だから美味しさ説明ができなくなる、と。

確かに、何の説明もなければ、お客様はこう思うのです。

料理を提供時、「うわ!量少な!」。そしてパクッと一口で食べてしまい「味薄す!」

提供時に美味しさ説明があるかないかで料理の美味しさの実感は変わります。

提供時の美味しさ説明は、美味しさそのものだと考えるべきです。

結果、この会社は、席数の多い和食店を出店しました。

ホールさんがしっかり美味しさ説明・食べ方提案というマスカスタマイズを行い、繁盛しています。

人が差別化

和歌山にある郊外型の海鮮居酒屋では、これら一連のサービスで日本酒の美味しいお店の顔をつくることに成功しています。

①日本酒のメニューは7種類

②価格は7品共に1価格帯で予算の明確化

③紙メニューで、履歴を残す

ここまでは、先ほどで説明した通りです。そして、これに人の力が加わります。

④本物感を感じてもらえるように、おか持ちの木箱に日本酒を入れ、客席に持っていく。商品の美味しさ説明3分30秒

⑤御注文のお客様にはお猪口を選んでもらう。会話を生むのが目的

⑥片口に日本酒を目の前で注ぐ。酒器の本物化と目の前仕上げ

⑦やわらぎ水のサービス

メニューにも書いてあるのですが、口頭でもその説明をしながら、やわらぎ水の瓶とグラスを置きます。

ところが、当初やわらぎ水をほとんどの方は飲んでくれませんでした。そこで、最初の1杯だけ注いで提供することにしたのです。先ほど説明した一杯目のおもてなしです。すると、お客様が飲んでくれるようになりました。

水を飲むとお酒を飲む量が減ってしまうと思われるかもしれませんが、事実は逆です。水を飲まれたお客様は日本酒を飲む量も増えます。

結果、お客様は日本酒を満喫してくれるのです。

もし、メニューブックは置いたままで、選べるお猪口もなく、バックヤードで注いだ日本酒を運ぶだけだったら日本酒の出数は伸びないし、差別化は生まれないはずです。

商品とお客様の間に人が関わることで差別化が生まれるのです。

①日本酒を持っていく

②お猪口を選んでもらう

③片口に注ぐ

④やわらぎ水を説明する

⑤一杯目だけ注いであげる

日本酒を満喫してもらうための取組み

水素と酸素を混ぜても通常は何の化学反応も起こりませんが、そこに白金黒を入れると爆発的に化学反応が起こり水ができます。この白金黒を触媒といいます。

料理をお客様に持っていくだけでは何も起きませんが、そこに人という要素が入ることで差別化が強烈に起こります。

人が触媒、人が差別化なのです。

多くの飲食店が人手不足によるセルフ化をすすめています。配膳も特急レーン化し、お会計も無人化が大きな流れです。

その一方で、人による差別化を実現したお店は、物まねのできない参入障壁の高いお店になるのです。

8 再来店化する３つの言葉

注文後、「ご注文を繰り返します」と、多くのお店でこの言葉がかえってきます。悪い気はしませんが、事務的で機械的な印象ですし、そこに差別化は感じません。

この注文内容を繰り返す「注文の複唱」はファミリーレストランの成長期・最盛期の時代、サービスの標準化という視点から生まれました。

今は生き残りの時代で、新しい成長力をつくらないといけません。バラつきのない定型的なサービスは、もはや過去の産物だと思います。

いらっしゃいませ、かしこまりました、申し訳ございません、恐れ入ります、お待たせ致しました、ありがとうございます、少々お待ちくださいませ、これら接客７大用語も同様です。サービスも時流適合しなくてはいけないと思います。

同調サービス

人は共感されて悪い気はしないものです。自分の注文を共感された時も同様です。

お客様のご注文時、相づちをしながら複唱したり、おすすめした料理や人気メニューをご注文されたお客様には「それ一番人気です!」という言葉でお客様の注文に共感しています。これを同調サービスといいます。

言葉ひとつで、お客様一人ひとりを大切にするような「心」が伝わります。

常連扱い

お店が常連だと考えるお客様は、どれ位の頻度で来てくれるお客様でしょうか。月1回?週1回でしょうか?

そして、常連様にどんなサービスをしていますか?

仮に、月に1回来られる方を常連様とするとしましょう。

あまり外食しないお客様もたくさんいます。そのお店に3か月に1度しか行かなくても、その方にとっては頻繁に行っているお店です。その方は、私はこの店の常連だと思っています。

ここでお店とお客様の温度差が露骨化します。

自分は常連だと思っているお客様が入店しても、お店の反応は「いらっしゃいませ」「当店は初めてですか?」「当店の人気メニューは」といつも通りの接客。

クレームにはなりません。でもこのお客様は寂しい気持ちになり、もう来店することはないでしょう。

では、どうすればいいのか。お客様の常連心を満たしてくれる魔法の言葉があります。

名前は知らないけども、過去に何度か来たことがあるなと分かるお客様はスタッフ一人一人たくさんいるはずです。

そんなお客様が入店されたら、近くまで駆け寄って、目を見ながらたった一言いうのです。

「いつもお越しいただいて、ほんとうにありがとうございます」

過度になってはいけませんが、お客様は常連扱いをされたがっているものです。

常連扱いサービスとして自店で何ができるか、どんな言葉を添えるか考えることは大切です。

客種《きゃくだね》ことば

いわずもがな第一印象は大切ですが、記憶に残る「残印象」も同じくらい大切です。

先ほどの火打石も残印象づくりの1つです。

ある繁盛寿司店では、レジが残印象づくりの重要な場所だと考えています。

レジの担当者は2つの声がけをします。

1つは、お客様が何を食べたか伝票を見て、一言いいます。

「殻付き雲丹の焦がし醤油炙り美味しかったですよね？」

一番商品や旬メニューの感想を聞くのではありません。「はい」としか答えられないように声をかけています。美味しかったという残印象を持ってもらうためです。

そして、もう1つは次回のフェアーなどの告知をします。

「次は1本穴子の白焼きも食べてみてください！常連様の名物料理なんです」

「来週は鮑祭りなので、またぜひお越しください」

客種とは、未来のお客様の種のことです。

客種ことばとは、明日以降のお客様をつくり上げるための言葉です。

「ありがとうございました」は隣のお店でも言っています。

定型サービスに個別対応を少し加えることで客種づくりができます。

第6章

成果の出る販売促進

販売促進をする目的

「マーケティングの理想は販売（セールス）を不要にすることである」と言ったのは、かの有名なドラッカーです。

長い目で見れば、販促をしなくても集客できるようにすることが最終目標ですが、そこまで行くには道のりが必要です。

その道のりである販促について、いくつかの法則をお伝えします。

主力カテゴリーの売上を伸ばすための販促

海鮮居酒屋に経営相談で訪問しました。最近実施した販促やフェアーを聞くとローストビーフフェアーをしたとのことでした。

知り合いのお店がローストビーフフェアーをやって評判が良かったので、レシピなどを教えてもらい同じように展開したそうです。

結果はまずまずの人気で、出数も多かったとのことでした。確かに流行に合ったフェアーをすることは大切です。

でも、本質的にこのフェアーは失敗です。

理由は、海鮮居酒屋は海鮮料理の売上構成比を伸ばすことで集客が増えるからです。肉料理の売上を伸ばしても、客数は増えません。

顧問先は繁華街で寿司店を複数店舗展開していたのですが、そのうちの1店舗の調子がよくありません。その日はその1店舗の活性化に専念する打ち合わせをすることになりました。

店舗に行って驚いたのは、おすすめメニューに一番大きく掲載されていたのが「ラーメン」だったことです。

聞けば、常連さんがご来店のたびに〆にラーメンを食べたいと言うので、メニュー化したところ評判が良く、他のお客様にも出数が多いということでした。出数が増えると、店側は成功したと思ってしまいます。

では、ラーメンの影響でこの店の客数が増えたかというと、増えていません。寿司店は寿司の出数を徹底的に伸ばすことに力を注がなくてはいけないのです。

イタリアンがサラダフェアーをすると、サラダの出数は伸びます。

でも客数は増えません。売上が伸びるのは主力のパスタやピザの売上を伸ばすことに成功した時なのです。

主力カテゴリーの売上を伸ばすことが、活性化の原則です。

フェアーや販売促進は何のためにするのか、それは「主力カテゴリーの売上を伸ばすため」なのです。

ある回転寿司は、まぐろ、築地仕入れ、全国漁港直送の3つを差別化の核としていました。この3つの差別化を売るためにさまざまなフェアーをすることで、差別化カテゴリーの売上アップを実施しています。

一番商品の出数を伸ばすための販促

顧問先の郊外型焼鳥店では焼鳥の売上構成比が28％から22％に落ちていました。

もちろん、焼鳥の売上構成比を高める販促が必要となります。

焼鳥の売上構成比が落ちた理由を見てみると、一番商品のつくねの出数が7％から4％にまで落ち込んでいるのが分かりました。まずは一番商品のつくねの出数を伸ばすことが必要だと、明確になりました。

そこで、つくねの超粗挽き化、軟骨を入れて食感で美味しさを強化、肉汁が出る工夫、ポーションを大きくしてお値打ち感づくりなど、商品の差別化を実施しました。

超粗挽き肉汁つくねに加え、鉄板たっぷりチーズのつくね、完熟トマトとチーズのつくねなど、つくねの品数を増やし、出数を伸ばすための「つくね祭り」を1か月間、展開しました。

すると、4％まで落ちていたつくねの売上が再び7％にまで戻りはじめ、フェアー終了後もリピーター中心につくねの注文がありました。

半年後には前年比を超えるようになりました。

販促やフェアーの目的は、一番商品の出数を増やすことなのです。

客単価を上げるための販促

その会社はハンバーグ店を7店舗経営していました。

その店のハンバーグの差別点は100％ビーフ。100％ビーフのハンバーグが主力カテゴリーです。

ところが、100％ビーフハンバーグの売上を抜く商品が出てしまいました。「牛と豚の合挽きハンバーグ」です。

やらなければいいのに競合店を意識して低価格の商品を導入したところ、価格の安さから出てしまうのです。

これは一大事です。主力カテゴリーの100％ビーフハンバーグの売上が落ちてしまうのです。

そこで、改めて100％ビーフハンバーグの売上を伸ばすため、フェアーをすることにしました。「季節の100％ビーフハンバーグ祭り」です。

7店舗で意見が2つに割れました。

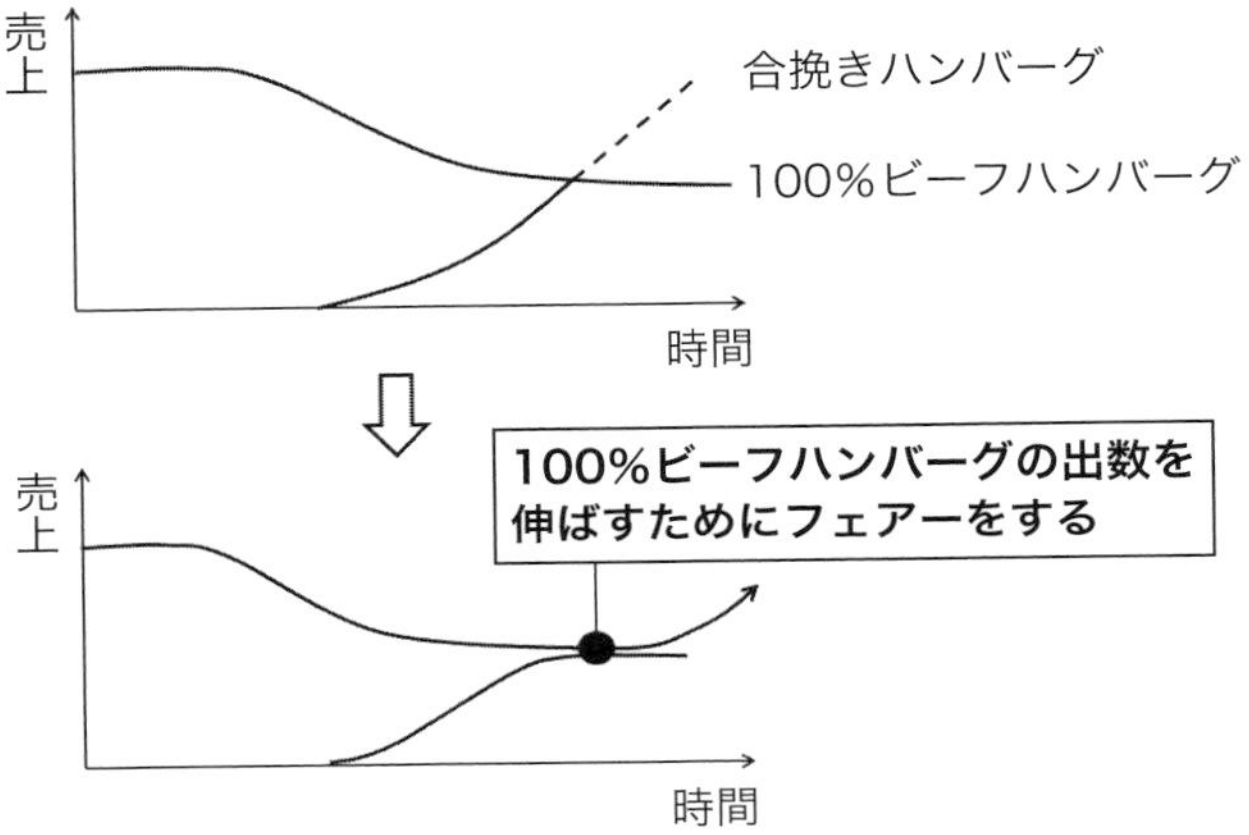

主力カテゴリーの売上維持のためにフェアーを実施する

毎月季節のハンバーグを展開するのはオペレーション上難しいので、年４回の春夏秋冬で入れ替えるという店舗が５店舗。

毎月変えることに挑戦すると決めた店舗が２店舗です。

そして、フェアーが始まりました。グランドメニューは７店舗とも同じです。

１年後、大きな違いがでました。

年４回のお店より年12回のお店のほうが客単価が１８０円も高くなっていたのです。

１００%ビーフハンバーグは１４８０円なのですが、季節の１００%ビーフハンバーグは旬野菜をゴロゴロ入れており、原価も高めなのでその分価格を上げて１７８０円~１９８０円で展開しました。

年４回季節のハンバーグを入れ替える店と毎月年12回入れ替える店のどちらが出るか。もちろん年12回の店です。

単価の高い商品の出数が伸びた結果、客単価に差が出たのです。

販促というと価格を下げることばかり考えてしまいがちですが、それだけではありません。

販売促進も１つの目的、それは、客単価を上げるためなのです。

若い世代獲得のために流行メニューを取り入れたり、口コミを生むためにインスタ栄えするメニューを投入したり、販売促進のやり方はさまざまです。その媒体も、ＳＮＳやグルメサイト、地域誌など多岐にわたっています。どんな媒体を使うにしても、販促の目的として、

①主力カテゴリーまたは準主力カテゴリーの売上構成比を伸ばす

②一番商品の出数を伸ばす

③客単価を上げる

のいずれかを目的にすると、販促効果は一時的なものではなく持続的なものになります。

売れている商品やフェアーをあえてやめる

ガリガリくんのコーンポタージュ味が発売された時、ニュースにまで取り上げられるほど話題になりました。売れすぎて欠品が続出したのです。そんなニュースを見た人が、商品を見かけたら、まとめ買いをしたりしてますます品薄になりました。

ところが、生産体制が整ったのか、商品が安定的に欠品なく陳列されると、以前ほどの販売力はなくなったように思います。

あるハンバーガー店では、季節商品として、ごちそうバーガーを開発しました。厚切りベーコンとチーズと野菜を2枚のパテで挟むという、超高カロリーバーガーです。この商品が飛ぶように売れました。

ところが、オペレーションが悪く、高原価でもあったので2週間ほどで販売をやめてしまいました。

すると、お客様から「なぜやめてしまったんだ」「また再開してほしい」という声が、数か月たっても多く届いたのです。

とても、売れていたこの商品をもし、グランドメニュー化していたらどうなったでしょうか。おそらく売れなかったでしょう。

差別化された素晴らしい新商品が出た時、お客様は飛びつきます。興奮しているのです。しかし、一度購入したお客様の興奮は急激に冷めてしまいます。興奮の冷めたお客様は再購入も再注文もしません。

皆さんのお店でも、季節メニューやフェアーで人気のあった商品をグランドメニュー化したら、ほとんど出なかったという経験はないでしょうか。

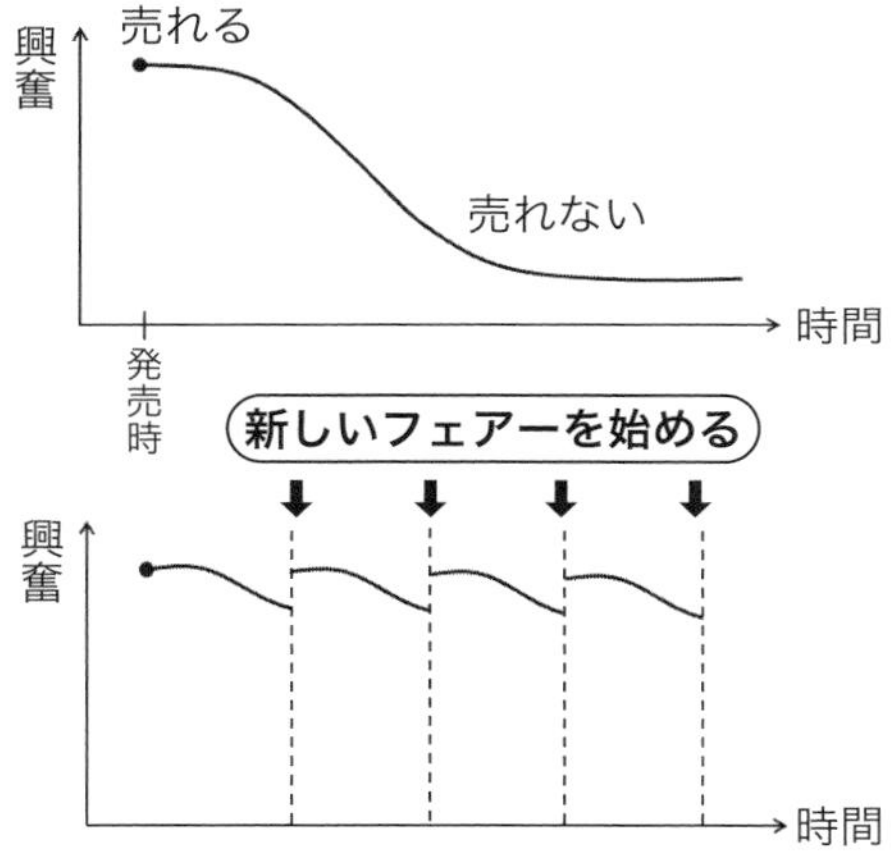

お客様の興奮が下がる前に次のフェアーを催す

それも同様で、一度食べたから、しばらくもういいや、という商品だったのです。ところが、一旦販売をやめて、半年後に再開すると、また出るようになります。

これを、デ・マーケティングといいます。売らないためのマーケティングです。

爆発的に売れた商品やフェアーを人気のうちにやめてしまい、またしばらくしたら再開するのです。

別の表現をすると、お客様の興奮が冷めてしまう前に一度やめ、また別の商品やフェアーを展開するという手法です。

そば店では、人気のある途中で「ごちそう祭り」をやめ、次のフェアーを展開しています。その結果、来店頻度を高めながら客単価アップが持続的にできています。

毎月のフェアーごとに変わる宴会コース

コースや宴会も同様です。宴会メニュー内容がどんなに素晴らしいものでも、変化がなければ興奮しなくなります。

顧問先では、毎月のフェアーに合わせた宴会コースを1品実施して頂いています。

北海道祭りの時は、北海道満喫コース、まぐろ祭りの時はまぐろ満喫コースといった具合です。

料理内容を全品変えると在庫管理やオペレーションなどに無理がくるので、1品目とメイン・〆の食事の3か所にフェアーメニューを投入し、他の数皿は固定で展開しています。

この取組みを続けた結果、毎月宴会をしてくれる法人様やヨガ教室の仲間の食事会など、宴会常連客が生まれています。

売れているからこそ、あえてメニューをやめて、また数か月後に展開することも1つの戦略です。

2 最高日販を伸ばせば年商が伸びる

オープンの17時から19時までの集客が弱いから、ビールやハイボールを安く売る。月曜日の集客が良くなく、２月は毎年苦戦するから、月曜日や2月に販促をする。これら閑散期対策のほとんどは失敗に終わります。成果がでないのです。

ピークタイムマーケティング

全国の顧問先などを分析したところ、１つの法則を発見しました。

年商＝最高日販額×１５０

最高日販額とは、過去1年間で一番売り上げた日の売上です。

最高日販が１００万の店は、おおよそ年商が１００万×１５０＝1億５０００万となる傾向があります。

繁盛店は２００倍、地域一番店は２２０倍になりますが、多くのお店は１５０倍ほどです。

この１５０という倍数は重要ではありません。重要なのは、この計算式が意味するのは「最高日販額を伸ばせば年商が伸びる」ということです。

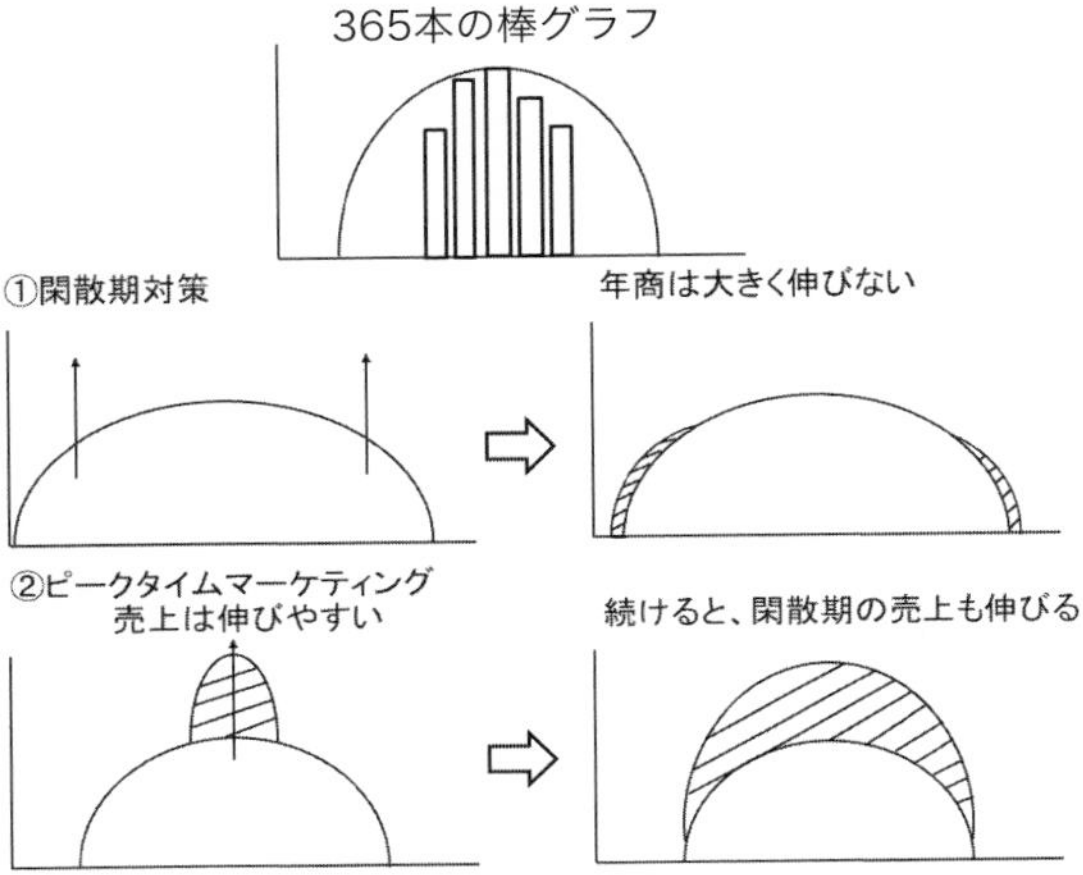

忙しい時期の売上を伸ばせば年商も伸びる

たとえば、定休日のないお店があるとしましょう。その店の1年間の売上で一番高かった日の売上額を棒グラフにします。

その左に二番目の日の売上、右に三番目の日の売上と交互に棒グラフを足していけば、３６５本の棒グラフとなります。

閑散期の売上を伸ばすということは、そのグラフの両端の売上を伸ばすことです。もちろん少しは伸びますが、年商は大きく伸びません。

忙しい時期の売上を伸ばすということはグラフ中央付近の売上を伸ばすということです。すると中央の売上は伸びやすい傾向があります。

そして、その中央を伸ばす努力をしばらく続けると、中央以外の売上も伸び始め、年商全体が大きく伸びます。

販促はピークをさらに伸ばすことに専念すべきです。

忙しい時間、忙しい曜日、忙しい月です。

たとえば、金曜日は常に満席で複数のお客様を帰してしまう状態になった時、次に忙しい水曜日の対策をするようなことが活性化の最短コースです。

販売促進は、「ピークタイムの売上をさらに伸ばすため」にします。

言い換えると、過去最高日販額を出すために販促をするのです。

3 スイッチングコスト

人は一度行くお店を決めると同じお店に行く傾向があります。

なぜならば、変える理由がないからです。

逆に新しいお店に行くとなると、人は2つのリスクを背負います。
①美味しくなかったら嫌だな。サービスが悪かったらどうしよう、という心理的リスク
②高かったらどうしよう。駐車場が狭いと困るな、という物理的・金銭的リスク
このリスクが壁となり、結局いつもの店に行ってしまいます。

このリスクのことを「スイッチングコスト」といいます。

まだ自店に来たことのない見込み客と自店の間には高いスイッチングコストがあります。

新規客を獲得するには、価格を下げるなどしてスイッチングコストを下げる必要があります。

そして、もう1つ大切なことがあります。

それはすでに自店に来てくれているお客様です。

自店に来てくれているお客様に対しては、逆にスイッチングコストを高くして、他店への流出を防ぐ取り組みをしなくてはいけません。

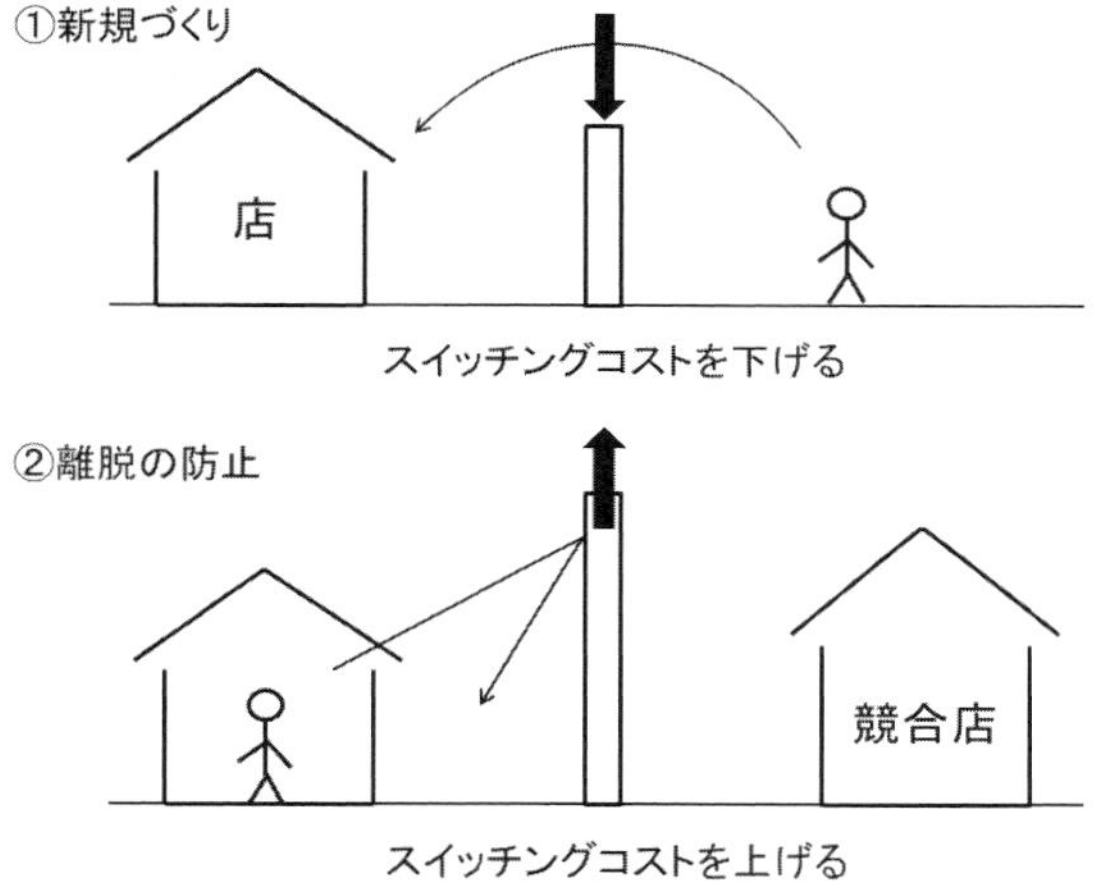

新規客と既存客に対するスイッチングコストのちがい

そこで有効なのが差別化の体験です。

主力カテゴリーをどう満喫してもらうか。一番商品をどう食べてもらうか。どう常連扱いをして、また来たいと感じてもらうか。

それを実現できないと、お客様は再来店してくれません。この状態を私たちは都合よくバーゲンハンターと呼んでしまいますが、そうさせてしまっているのは差別化の非体験が原因です。

しかし、困ったことが起こります。

常連づくりのために差別化を頑張り、スイッチングコストを高めるという取組みがあまりに全面にいき過ぎると、一見マニアックなお店の雰囲気が出てしまい、新規客が入りにくくなってしまうのです。

たとえば、日本酒にこだわり続けた結果、店頭に獺祭など価格の高い銘柄酒を陳列しすぎると、価格の不安から新規客は入りにくくなってしまいます。

そのようなことにならないためにも、目先の集客だけに捉われて販促をせずに、現状をしっかり見ながら販促や差別化対策を戦略的に行うことが大切なのです。

簡単に言ってしまうと、
・忙しい月や曜日は新規獲得の販促
・閑散の月や曜日には常連客の再来店化の販促
を行うことが基本です。

4 垂直立上げ販促で新規客を獲得する

新規獲得販促は目玉化が必要

経営相談でイタリアンのお店に行ったときのことです。

お店の人気メニューを聞くとライスコロッケが名物で味にも自信があるとのことでした。大きなライスコロッケを目当てに食べに来られるお客様も多い集客商品でした。

そこで、このライスコロッケをもっと売るために販促をしてはどうかと提案したところ、意外な答えが返ってきました。この商品は手間がかかり、調理時間もかかるので売れすぎると困る、と言うのです。

このブレーキとアクセルを同時に踏むような取組みは何の成果も生みません。

たとえば、居酒屋が新規客の獲得するために販促をすることにしたとします。

値下げが必要なのは理解できるが、大幅な値下げは原価的にもお店のイメージのためにもしたくないので、クーポンお持ちの方対象で全品10％OFFにしたとします。それをさまざまな媒体で告知すると、もちろん少しの反応はあります。

ところが、クーポンを持ってきたお客様を見ると、そのほとんどが常連様だったという経験をした方は多いのではないでしょうか。

新規客づくりが目的でコストをかけたのに、ご来店されたのは常連様。これであれば、ラインやメールやアプリなどでのリピーター販促の方がはるかに低コストでできたわけです。

垂直立上げ

新規が来なかった理由は、新規客にとって目玉と感じるほどの大きな特典がなかったからです。見込み客のスイッチングコストを下げるには目玉特典が必要なのです。

その特典とは、1つの目安として、30％OFFです。

1・3倍の法則で考えると、1・3倍安い≒30％OFFということになります。販促期間中の売上で新規客の販促コストを回収しようとすると目玉販促はできません。

10％OFF程度の販促では、期間中の客数だけは多少増やせても、販促前と販促期間終了後の客数は下降傾向のままになってしまいます。

販促期間終了後に販促前よりも客数を増やす最もシンプルな方法は、販促期間中に客数の線グラフが垂直的になるような、垂直立上げ販促をすることです。

たとえば50％OFFをしたとします。垂直的に客数が増えますが、販促期間終了後に客数は落ちます。しかし、販促前より販促終了後の客数は増える傾向が強くなります。

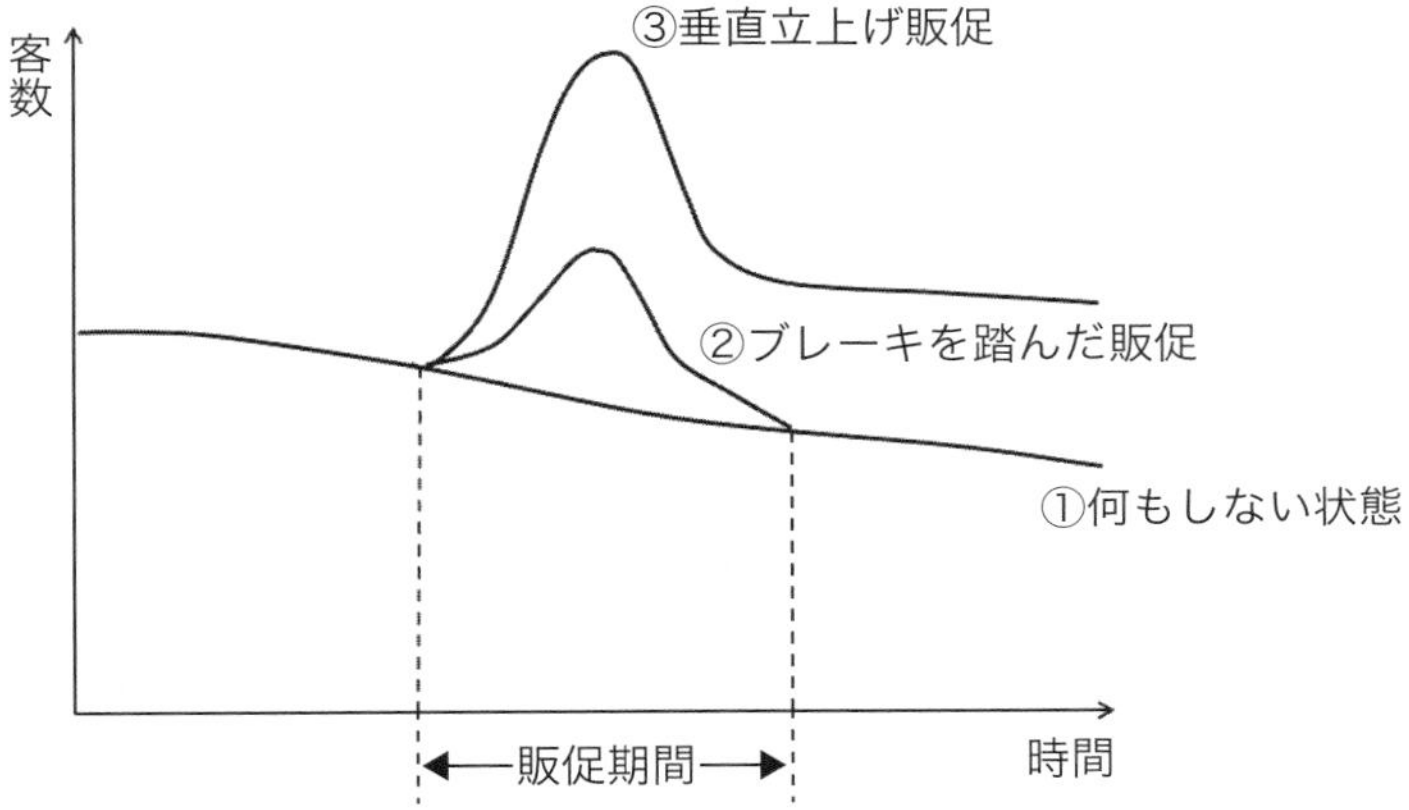

目玉特典による販促で客数を垂直的に伸ばす

新規客の獲得販促はブレーキを踏んでしまうと失敗します。

お店の現状にもよりますが、新規獲得のためには目玉特典を実施し、垂直立上げ販促をすることが必要です。

主力カテゴリーの垂直立上げ

目玉販促は全品30％ＯＦＦが必要かといえば、決してそうでもありません。

顧問先の串かつ居酒屋はじわじわと売上が落ちていました。調べたところ、串揚げの売上構成比が落ちています。時期は最高月商の８月前でした。

そこで、３つをテーマに販促計画を立てました。

①串かつの売上構成比を伸ばす
②８月の最高月商づくりをする

全品30%OFF

	売上構成比	値下げ率
串かつ	25%	30%
他	75%	30%
全体の値下げ率		30%

串かつ30%OFF

	売上構成比	値下げ率
串かつ	38%	30%
他	62%	0%
全体の値下げ率		11%

主力カテゴリーのみ値下げして、おトクに集客力アップ

③目玉販促で客数を垂直立上げ化する

この3つを達成できる企画として、「グランドオープン○年感謝祭　串カツ全品30%OFF祭り」を計画しました。

近隣へのポスティング、地域誌への掲載、フアックスDM、店頭やウェブでの告知をした結果、期間中の客数は30%以上増え、終了後も売上は昨比を110%以上超え続けています。

この販促にはもう1つメリットがあります。値下げ額が全品30%OFFよりも、はるかに少ないことです。

この店の串かつ売上は通常約25%ですが期間中は38%でした。

全体に占める売上が38%の商品を30%引きしても、値下げ率は38%×30%の約11%です。売上全体から見ると11%値引きしたということになります。

ピークタイムに目玉販促をしたイタリアン店

30％ＯＦＦではなく50％ＯＦＦでも全体売上から見ると19％の値下げ率です。

「全品10％ＯＦＦ」と「串カツ全品30％ＯＦＦ」、値下げ率はほぼ同じですが、どちらが集客力が強いかは明らかです。

郊外型のピザとパスタがメインのイタリアン店では、夏のピークタイムに垂直立上げを実施しました。

第一弾　全品30％ＯＦＦ

第二弾　パスタ全品30％ＯＦＦ

第三弾　ピザ全品30％ＯＦＦ

その結果、この店ではその後も売上を昨年比20％近く伸ばし続けました。

もし客数減に歯止めがかからないお店なら、主力カテゴリーの目玉販促をご検討ください。

目玉販促

30%OFFはお客様視点で得をするという目玉ですが、最近では得をするからではなく予算の安心感でも目玉化ができています。

それは、「均一」です。

寿司店の顧問先では10日間、寿司と天ぷら均一祭りを実施したところ、期間中売上が昨比20%アップ、その後も業績を伸ばしました。串かつや焼鳥店も同様です。そば・うどん店、和食店では人気の7品均一フェアーを実施し、良い反応です。

スイッチングコストを下げることで新規を獲得しましょう。

5 定型販促で安定的に売上を伸ばす

３回安定の法則

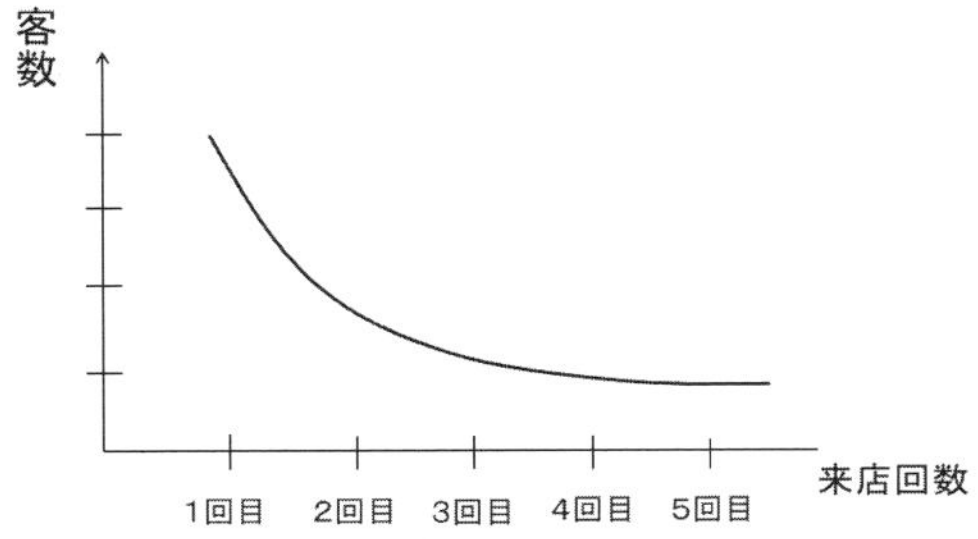

３回来客したお客様は安定客化する

初めて来た新規客が１００名いたとすると、そのうち２回目来るのが50名、３回目に来るのが25名。これは甘く見積もっての数字で、現実はこの数字よりシビアなものです。そして、４回目は何人になるかというと、20～25名です。急に再来店率が高くなるのです。

３回続けて来てくれたお客様は安定客化するということです。これを「３回安定の法則」といいます。

別の言い方をすると、３回ご来店頂くことがいかに難しいかを意味します。３回ご来店頂ける工夫をし、それが成功すれば売上は安定化し、時に新規客を獲得できれば売上は安定的に伸びるのです。

短期間で複数回来店

郊外型イタリアン新規獲得のチラシをまいた時のことです。

その店は毎年8月に3万枚のチラシを配布していましたが年々効果が弱くなっていました。

そこで、広いエリアに3万枚のチラシを1回配布するのではなく、狭い同一エリアに限定し、1万枚の目玉チラシを7月末から8月にかけて2週間おきに3回配布して頂きました。

すると、今までよりも戻り数が大きく伸び、その後の売上も増え続けました。

これは2つのことを教えてくれます。

年に3回ご来店してもらうよりも、短期間に再来店してくれた方が安定客化すること。

もう1つは、一度の販促では来ないが、短期間に複数回販促すると来てくれる客数が増えるということです。期間中に来たくても都合で来れない方もいるので当然です。

要は一回だけの販促や間の空いた販促はもったいないということです。

定型目玉販促

顧問先の焼肉店では、これらを踏まえて販促を定型化しました。

毎月5日はドリンク全品半額、25日は大皿が20％割引、29日は焼肉全品29％割引としたのです。

毎月の販促を定型化

こんなことをすると、この３日に売上が集中してしまい、他の日の売上が落ち、結局月商は変わらないのではと考えるはずです。

ところが、これを実施したところ、３か月目からこの３日間の売上が伸び始め、６か月後には全体の売上が伸び続けています。

売上が伸び悩んでいた串カツ居酒屋では、毎週金曜日に串かつ全品99円均一をしました。

すると、１か月後から金曜日の客数が約30％増え、３か月後には約50％増え、月商も20％以上増えたのです。

金曜日に何度か来店することで、居酒屋へ行くならあの店だとなり、来店が習慣性化したのです。

定食屋では、毎週金曜日にごはん食べ放題をしたところ、始めたその月に金曜日のご飯を炊く量が２倍以上に増えました。食事の完結感強化です。そしてその3か月後に月商全体が上がっています。

日にちや曜日を固定化することで覚えてもらえるので成果がでます。それを今月はやっていない、今日はやっていないとなってしまうと当然効果がでません。

一度決めたら最低でも半年は続けることが大切です。

業態の利用頻度にもよりますが、多くの場合、3か月目でその日の売上が伸び始め、6か月ほどで月商全体が伸びる傾向です。

販促はスポットで終えると一時的な客数アップで終わります。

でも定型販促を継続すると、それは持続性のある集客力になるのです。

月末定型フェアー

私たちが定期的に開催している勉強会に均一価格の回転すし店の幹部の方が参加されました。

その店の月別売上を拝見すると、ある月を境に急激に売上が伸び始めていたのです。

これだけ売上が伸びるのは、近隣の競合が閉店したか、よほど強い販促をやり続けているかしかない程の伸び方でした。

理由を聞くと、毎月第2第4金曜日に北海道祭りを実施されていました。

本来であれば200円近くで売らないと原価が合わないようなお値打ちの寿司をグランドメニューと同じ均一価格で売っていたのです。

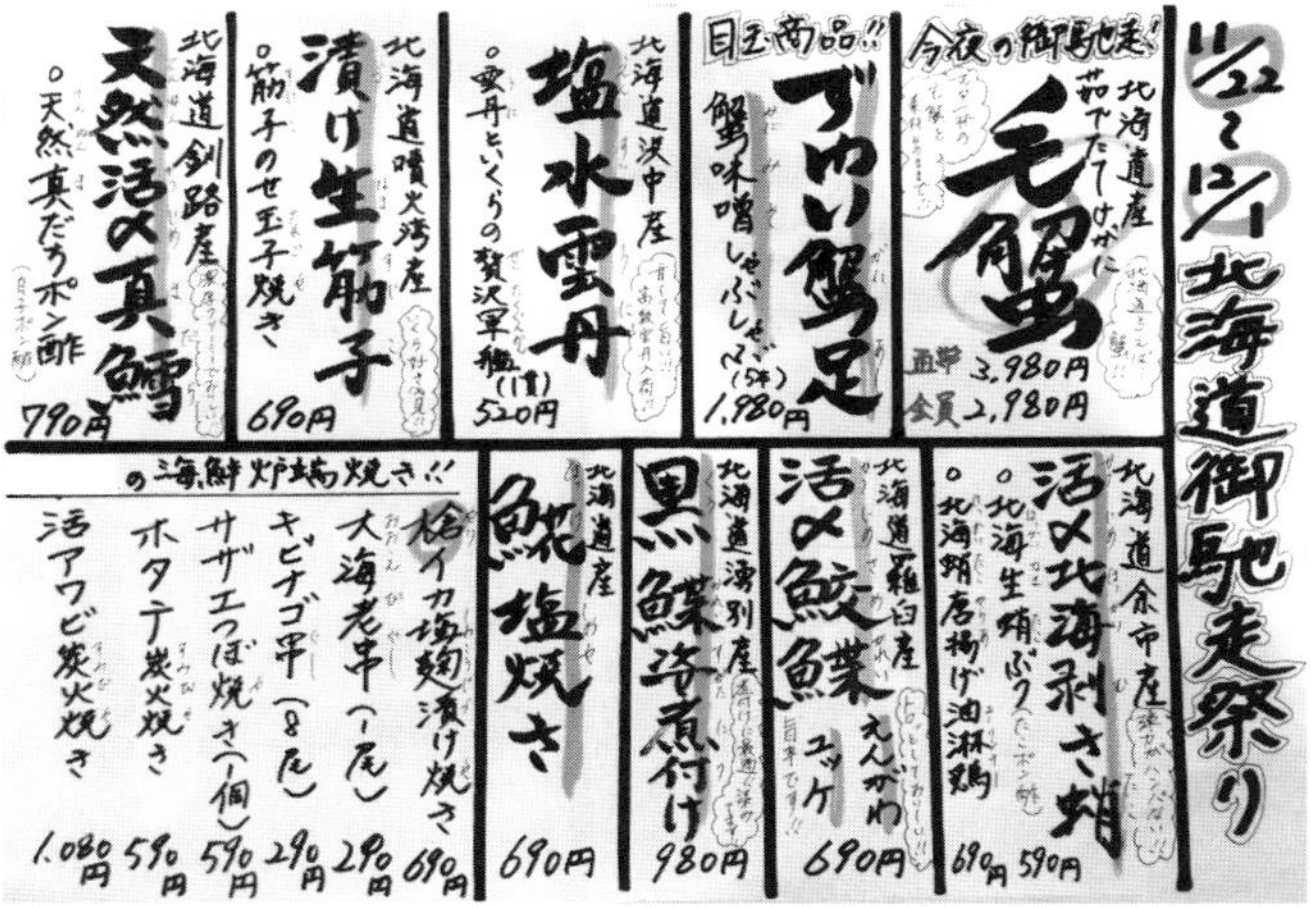

月末限定のフェアー

フェアーというと1か月しないといけない、欠品してはいけないという固定概念があります が、そうでもないようです。

九州の海鮮居酒屋では毎月25日から月末まで、北海道御馳走祭りを開催することにしました。その中には粗利ミックスの発想で、高原価の手に届くごちそうメニューや五感を刺激するシズリングメニューなどもあります。

さらに、毎週土日は寿司均一祭りも定型化し家族客の集客にも取組み始めました。

この2つの定型販促を始めたところ、月末と土曜日の売上が伸び始め、早くも2か月後には昨年比を超え、6か月後には昨比32%と伸び続けています。

ピークに強い集客企画をぶつける、そしてそれを定型化すれば店舗は活性化します。

6 リピーターづくりに徹する

バイ・ファイブの法則

新規のお客様で100万の売上をつくるのと、常連様で100万の売上をつくるのでは、常連様のほうがコストが5分の1で済む、という「バイ・ファイブの法則」というものがあります。

5分の1という数字が飲食店に合っているかどうかは別として、常連様の再来店化が、最も効率的な活性化だということは間違いありません。

携帯メールでリピーター販促

顧問先ではさまざまなソフトなどを使いリピーター販促を取組みましたが、最終的に最も効果があり全店導入したのは携帯メールでした。

今さら携帯メール？と思われるでしょうが、事実売上効果が最も高かったのです。

①まずは会員数の垂直立ち上げ

紙媒体と違い、アプリやメールの配信コストは基本定額制です。

会員限定特典配信の予定を店内に

客数＝会員数×反応率

と考えると、反応率の高い内容をあれこれ考える前に、まずは会員数を増やすことが最重要です。

会員数を増やすポイントは入会特典ではありません。配信予定や過去に配信した履歴を見える化することです。

たとえば、会員数の少ない当初は目玉特典の企画を計画します。もちろん会員限定の特典です。その目玉企画を３回分ほどまとめて、店内に配信予定として掲載することで、入らないともったいない！となり、会員数は増えます。

もう一つの方法は、会員限定価格をつくることです。

顧問先の焼肉店の一番商品は焼肉６点盛り４９８０円です。

短期間で一気に会員数を増やすために、会員

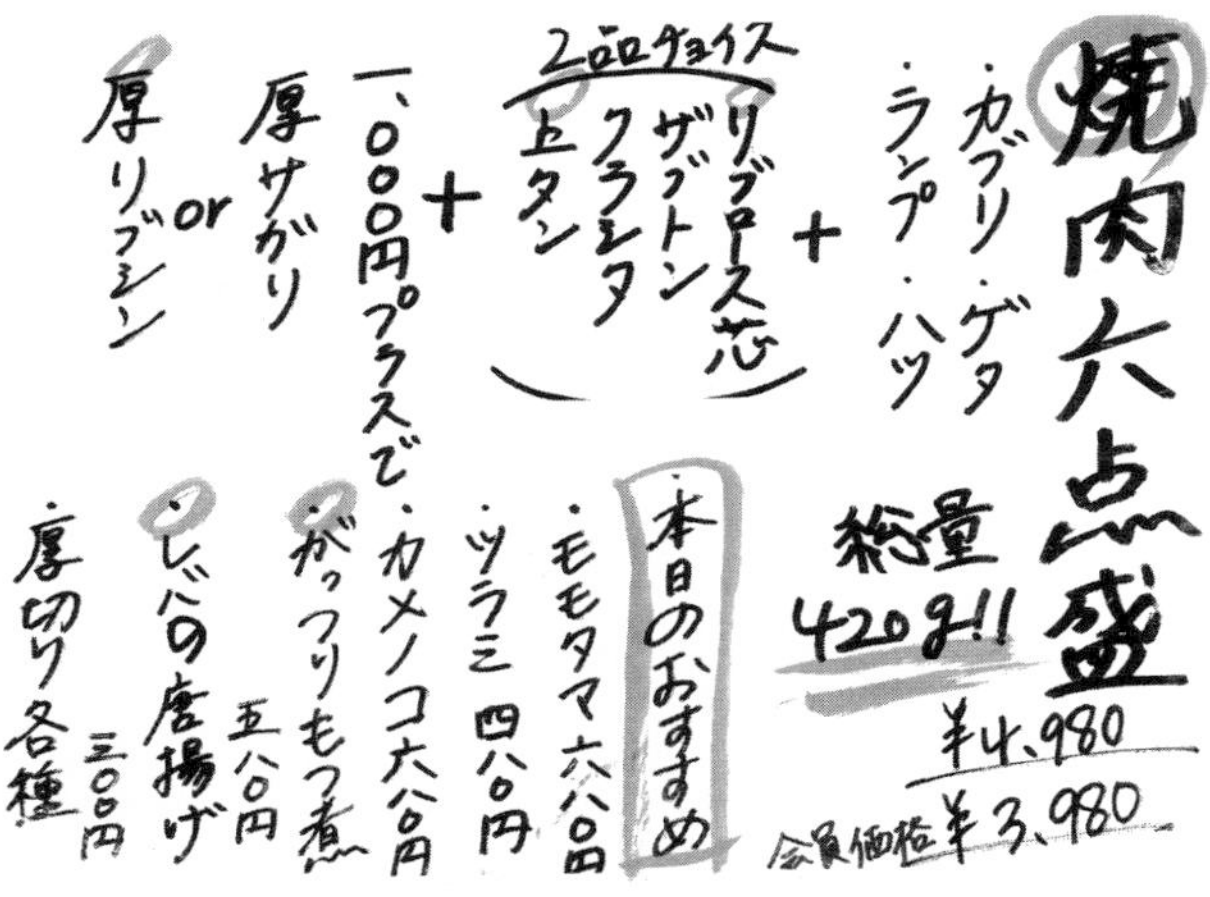

会員価格もメニューに入れる

価格3980円としてメニューに書いてもらいました。

そして、ファーストオーダーの時に、「今ご入会いただいても特別オッケーですよ」と伝えたところ、多くの方が登録してくれて、その結果わずか1か月で目標会員数を達成し、会員数の垂直立上げができました。

1か月後は、盛合せの会員価格はなくし、ハイボールやキムチなど低原価のAランク商品や、盛合わせ以外の売るべき差別化商品に会員価格を設けています。

②配信のポイント

何のために販促をするのか？

主力を売るため、一番商品を売るため、客単価を上げるため、そしてもう1つ大切なのが、その店の強み・差別点を売ることです。

海鮮居酒屋の差別点は鮮度です。

ですので、配信内容は料理に加えて食材写真も配信しています。鮮度を売るために、鮮度を伝えるために販促をするのです。美味しさの見える化が大切です。

もう１つ大切なことは、美味しさ説明の文章化です。

品名・価格だけでは来店の動機付けにはなりません。それに加えて、文章での美味しさ説明があると、さらに集客効果が高まります。

文章をシズル化し、食材写真で鮮度化をし、五感を刺激するものが成果をだしています。

顧問先の中には、このリピーター販促で売上が10％や20％短期間で伸びるところもあります。

集計したお店の中には売上の20％以上がメール販促での売上だったというケースも少なくありません。

店内で再来店化

なかなか予約のとれない繁盛店があります。

お客様はどうやって予約しているかというと、食事を終えて清算の時に次回の予約をして帰られています。

予約を取るために、グルメサイトや自社ホームページに誘導することも大切ですが、お客様は今日のお店の中、目の前にいるのです。

次回の予約を今日することで特典があることをアピール

顧問先では宴会前になると店内に大きく宴会内容を掲載しますが、そこにはこう書いています。

「本日のご予約で飲み放題30分延長プレゼント」

法人会員

会員化というと個人が対象ですが、法人客の多いお店では法人会員を実施しています。入会すると来るたびにデキャンタワインをプレゼントするなどです。

この会社の人であれば誰でも適用になるので、法人客の囲い込みができるようになります。

誕生日ＤＭ

さまざまな販促の中でも、誕生日ＤＭはメールでも郵送でもとても反応の高い企画です。

ファミリー客の多い店は郵送の反応もとても

法人客の多い店では法人会員特典をつくる

高いのですが、大変もったいないことが頻繁に起こっています。

それは、家族客が来ていても、誕生日月を把握できているのはお母さん1人だけの場合が多いことです。

4人家族であれば、全員の誕生日を把握しDM告知できれば年4回お越し頂ける可能性があります。競合店に行くのではなく、自店に来てもらわないといけません。

そこで、顧問先ではポイントカードや難しい管理をしなくてもいいような形で、テーブルにいる全員の名簿を集めることにしました。

その方法は、

①あらかじめ誕生日特典を印刷したハガキを用意する

②テーブルに行き、特典が記載されている面を見せながら、こちらをお送りしますと伝える

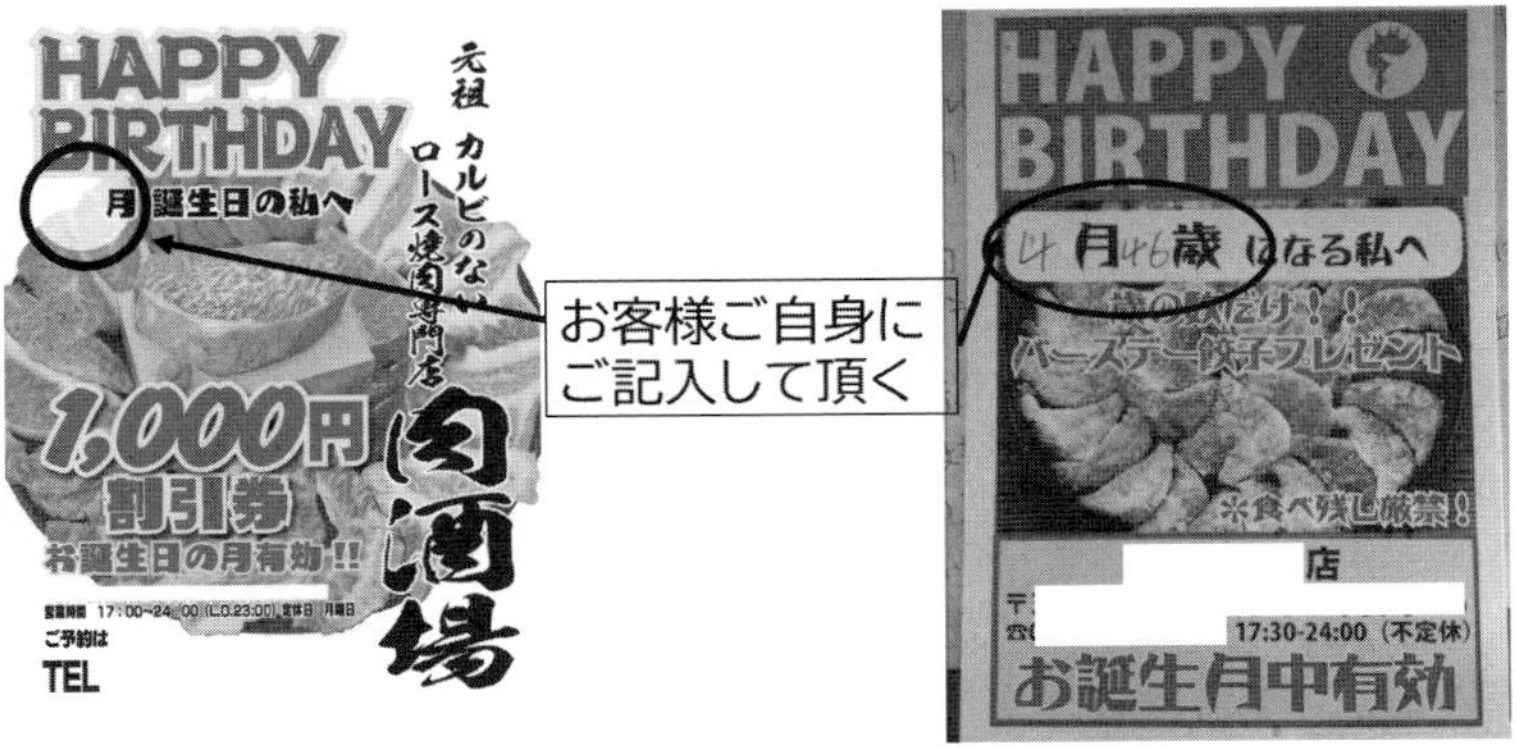

バースデー特典ハガキのセルフ化

③住所面は空白にし、お送りしますのでよろしければ、ご住所・お名前・誕生月を記入してください、とお願いする

④ハガキをレジで回収し、誕生月を確認したら月ごとの箱に入れる

⑤9月生まれのハガキなら8月末日にポストに入れて終了

バースデー特典ハガキのセルフ化です。お客様ご自身に住所とお名前をご記入いただくので事務時間は発生しません。名簿管理や事務作業が複雑だと続けるのが難しく、なかなかスタートもできませんから。

もともと社内で名簿化していたお店が、セルフ化に変更したところ、特典内容はそのままなのに利用率が増えました。

考えられる理由として、突然自分の字のハガキが送られてきた時、あー、そういえば書いたな、最近行ってないし特典もあるし、久しぶりに行ってみるか、というお客様が増えたと想像できます。

自分で書いたことで、記憶にもしっかり残りますし、ゴシック体の字体で送られるより自分の手書き文字に反応したのかもしれません。

デジタル化の中にどこかアナログを感じさせるものが実績につながっています。

おわりに

最後まで本書にお付き合いくださり、ありがとうございました。分かりやすく、読みやすく、そして1つでも実践に活かせるようにと、事例をできるだけ多く紹介させて頂きました。

過去の成功体験が、新しい挑戦の足かせとなってしまうこともあります。「こだわり」はただの「固執」かもしれません。今までとは違った着眼点への挑戦が未来を創造していくものだと思います。

仕事柄よく聞かれるのが「流行っている業態は?·これから流行る業態は?·」という質問です。もはや業態で集客することはできません。差別化で集客するのです。優れた商品や秀でた販促だけで集客できません。差別化のドミノ倒しという経験価値で集客するのです。

目先の問題を解決する対策ばかりをしていると場当たり的なことだけしかできなくなってしまいます。

大切なのは永続できる会社づくり。そしてスタッフが誇りを持ちながら自分の成長を実感できる店づくりだと信じながらこの仕事をしています。

そんな理念を共有した素晴らしい仲間がいます。㈱骨太経営、㈱シズル、㈱フードボロス、そして私、㈱バリューという飲食店のコンサルティング会社4社です。

この4社で㈱五感コンサルティンググループという会社をおこし、共に繁盛店づくり、永続する会社づくりに努めています。私ともどもご支援頂ければ幸いです。

最後に出版にあたり大変お世話になった同友館の武苅さん、日ごろからお世話になっている顧問先や全国の五感コンサルティンググループ会員の皆様、㈱同友館の皆様に心から感謝いたします。

五感コンサルティンググループ
株式会社バリュー
木下尚央之

■著者略歴

木下　尚央之（きのした　なおゆき）

1972年生まれ。株式会社バリュー代表取締役。

大手食品メーカー、船井総合研究所を経て、飲食店専門のコンサルティング会社を設立。

集客アップ・利益アップのコンサルティングを専門とし、その手法と実績は高く評価されている。

新店開発支援、既存店の活性化など飲食店経営全般に精通しているが、メニュー、売場づくり、販促ノウハウで業績アップを実現した店は全国に1,000店舗を超える。

全国から講演や執筆依頼も多く1年のうち300日以上を飲食店の活性化に費やす。

著書に『飲食店完全バイブル　メニュー戦略の新法則』（日経BP）、『お客を集めるメニューの基本法則』（同文舘出版）などがある他、専門誌の執筆も多数。

【連絡先】株式会社バリュー（http://www.h-value.co.jp/）
【講演・執筆・経営相談のお問合せ先】info@h-value.co.jp

2020年７月15日　第１刷発行
2022年４月９日　第２刷発行

飲食店の五感刺激マーケティング

©著　者　木下尚央之
発行者　脇坂康弘

発行所　株式会社同友館
〒113-0033 東京都文京区本郷 3-38-1
TEL. 03(3813)3966
FAX. 03(3818)2774
URL https://www.doyukan.co.jp/

落丁・乱丁本はお取替えいたします。
一誠堂株式会社／松村製本所
書籍コーディネート：小山睦男（インプルーブ）
ISBN 978-4-496-05482-2
Printed in Japan

読者限定特典のご案内

本書をご購読いただきありがとうございます。

「五感刺激マーケティング」の最新の成功事例と原則が詰まったレポート「繁盛のルール化」をプレゼントします。

ご希望の方は、下記まで必要事項ご記入の上、ＦＡＸまたはメールにてお送り下さい。


このページをコピーし、そのままＦＡＸしてください

FAX申込用紙

FAX:06-6889-3570
株式会社バリュー　行き

会社名	住所　〒	
ご氏名	お役職	ＴＥＬ ✉アドレス
店舗数 店	業態（○で囲んでください） 居酒屋　寿司・和食　焼肉　とんかつ　ラーメン・中華 そば・うどん　イタリアン・洋食　他（　　　　　　）	

Q1　木下に個別集客相談を希望しますか？	**希望する**　　**希望しない**
Q2　木下に質問したい内容をご記入ください。	

メールでお申込みの場合

① メールアドレス：info@h-value.co.jp
② 件名に「読者限定特典の件」とご記入の上、上記必要事項を記載してご送信下さい。

※頂戴した個人情報は、株式会社バリュー及び株式会社五感コンサルティンググループのセミナー・サービスのご案内に使用させて頂く場合があります。適切な管理に努め、承諾なしに他の目的に利用いたしません。